अज़ल

जितेंद्र शर्मा

ISBN 978-93-5610-446-4
© Jeitendra sharma 2022
Published in India 2022 by Pencil

Contributors:
Editor: Bhavna katiyar

A brand of
One Point Six Technologies Pvt. Ltd.
123, Building J2, Shram Seva Premises,
Wadala Truck Terminal, Wadala (E)
Mumbai 400037, Maharashtra, INDIA
E connect@thepencilapp.com
W www.thepencilapp.com

All rights reserved worldwide

No part of this publication may be reproduced, stored in or introduced into a retrieval system, or transmitted, in any form, or by any means (electronic, mechanical, photocopying, recording or otherwise), without the prior written permission of the Publisher. Any person who commits an unauthorized act in relation to this publication can be liable to criminal prosecution and civil claims for damages.

DISCLAIMER: *The opinions expressed in this book are those of the authors and do not purport to reflect the views of the Publisher.*

Author biography

I am Jeitendra sharma. Just wanted to share my thoughts imaginations about life. this is the first Hindi Poem book. Hope You will like it.

CONTENTS

Acknowledgements

This work of art is dedicated to the person who suggested me the title of this book. You are special to me my Little Devil.

Introduction

Perhaps I would have been freedom fighter if I were born in past time. this work is inspired by all my favorite writers, poets and artists like Muktibodh, Franz Kafka, Sadegh Hedayat.

You will find all emotions in these poems; most of them are work of fiction but it is really difficult for an artist to keep his sujectivity out of his work.

Enjoy!!

सूखे हुए पेड़;

सूखे हुए पेड़

इतने आकर्षक क्यों है

क्योंकि इन्होंने अपना लिया है

इस जीवन की निरसता को

कोई भी बाह्य आडंबर नही रहा अब

आत्म की पुकार को पूर्ण समर्पण;

मैं आत्म का दर्पण हूं

जैसा अंदर वैसा बाहर हूं

अगर तुम मुझे सूखा पाते हो

तो यही है परमसत्य;

मैने पाया है

इस जीवन का अटल सत्य

अंधेरे की पुकार सुनो

और भय न करो

सुनो! करके आंखे बंद

किसकी पुकार है

कौन है जो मुझे ख़ोज रहा है

इन दुर्गम इलाकों में

जहां मेरी आत्म निडर विचरण करती है;

पूरा चांद

छिपता है जब सूखे पेड़ो की डालियों में

और भी अद्भुत और मनमोहक हो जाता है

प्यास की पराकाष्ठा ही

उसका आनंद है

सुखना भी अपने आप में एक पुकार है

एक व्यथा है

जिसे सुन मानसून अपनी गति बढ़ाता है;

देखो सफ़ेद बर्फ की चादर

इस जीवन को एक रंग देती है

ऐसा रंग जो प्रतीक है

स्वतंत्रता का

जो एहसास है

की आप इसे जिस रंग में ढालों

यह ढलता जायेगा

अगर साहस है

तो मांग कर देख

जिंदगी से जितना मांगेगा उतना ही पाएगा

तो उठ और रंग दे

लाल रंग इश्क का

या अंत का

दोनों ही अपने आप में पूर्ण है;

जो अपूर्ण है

वो है एक आखिरी बार मिलने की ख्वाहिश

जो कभी खत्म नहीं होती

दुनिया खत्म हो भी जाए

आरज़ू अधूरी रह जाती है

उसकी आंखों में

मेरी तस्वीर रह जाती है

और मेरी मुस्कुराहट

उसकी व्यथा कह जाती है;

एक अधूरी पेंटिंग;

परत दर परत

खोलता हूं तुझे

फिर भी कितना कुछ रह जाता है

तू फिर भी हर दफा कितना नया सा है

सुनो! कहा था उसने कभी

मोहब्बत में फासले ही मिलते है

पर इन फासलों में कौन है

इन यादों में कौन है

इस काफिर की फरियादों में कौन है?

एक दफा और बैठो करीब

देखने दो इन आंखों को

चाहत किसकी छुपाते हो

कौन है? जिसकी यादें यहां बसती है

शायद उन ऊंचे पहाड़ों पे

छोड़ आया मै एक शख्स को

यहां जो है उसकी बस परछाई है

जानता हूं तुम रुकोगे नही

न ही हम रोकेंगे

अब उम्र भर इंतजार रहेगा उसका

जो इन रास्तों को भूल चुका है;

तुम क्यों नहीं बन जाते एक तस्वीर

जिसे मैं औने पौने दाम में ख़रीद

घर की दीवार पर टांग दूं

वहां टंगी तुम

खिड़की की छेद से आती धूप में

अपने बाल सुखाती

मेरे साथ कविता पढ़ती

कोई पुराना गीत गुनगुनाओगे

तुम्हारे झड़ते बाल है

प्रतीक है

इस जीवन की गति की;

उन अंधेरी सर्द सुबह की यादें

अब भी ताज़ी है

मर चुका है वक्त के हाथों

पर उसकी पुकार अभी भी जिंदा है;

दूर खड़ी उस कॉरिडोर में तुम

भागना चाहती हो

दूर पर किससे

इस हकीकत से

या फिर उस ख़्वाब के झूठ से

की ब्रह्माण्ड की कोई ताकत

हमे क़रीब नही ला सकी

फिर भी हम साथ है पास है

उस तरह से जैसे

चांद को निहारता चकोर

जैसे ढलता सूरज चूमता है

सागर के उठती लहरों को;

एक अधूरी पेंटिंग है

तुम्हारे पास

जिसमे हमने अपने ख्वाब समेटे थे

उसे पूरा किया या नहीं?

अगर पूरा कर दिया हो तो

मुझे उसे लौटा देना

उसे मैं फ्रेम करा कर अपने पास रखना चाहता हूं

एक याद की तरह

उन फुरसत भरी दोपहर में

तुम्हारे बगल आराम से लेटा मैं

तुम्हारी जुल्फों से आती हवाओं से मदहोश

तुम्हारे होने मात्र से खुश हूं

तुम्हारा होना ही

हमारे लिए इस पल में सब कुछ है;

परीवश;

शायद हमारा जन्म

एक ही अंधेरे से हुआ है

शायद हम उसी सूखे पेड़ की टहनियां

जिनमे अब पत्तियां नही

जिनमें ओस की बूंदे ठहरती नही

हमारी प्यास भी अब मर चुकी है

शायद हमारी तड़प ने अब दम तोड दिया है;

हम उन्हीं गुप अंधेरों में जन्मे है

जहाँ उजालों को भी भय खाता है

किसी दबी कुचली

पत्ती को जैसे अदृश्य जीवाणु

धीरे धीरे खत्म करते है

वैसे ही हमारा जीवन भी खत्म हुआ जा रहा है

हमे तो अब इसके खत्म होने का न तो भय रहा

और न ही डर है;

तुम किसी शाम की तरह

एक याद बनते जा रहे हो

जिसमे रोज़ मैं सैर पे निकलता हूं

और ठीक उस तिकोने मोड़ पर

तुमसे जा मिलता हूं

जहां मैने पहली बार तुम्हे महसूस किया था

वो जगह जो मुझे पुकारती है

जो मुझे खत्म कर

मेरे अंदर से एक पेड़ उगाना चाहती है;

फिर मैं भी ठीक

उन सब में से एक पेड़ बन जाऊंगा

जहां तुम अपनी सीपियां बिनने जाती हो

और फिर तुम्हे हर सुबह और शाम

अपनी ओर आता देख

टहनियों से खिले पीले फूल तुमपे गिराऊंगा;

तुम साथ हो

तुम पास हो

तुम मेरा एहसास और खोई आवाज़ हो

तुम सुकून हो, एक वहम हो

एक राज़ हो, मेरा मिराज हो

तुम ही तुम हो

हर जगह, हर अंधेरे में

सिर्फ और सिर्फ तुम हो

किसी ऊंचे टीले पे

एक मात्र पेड़ की आड़ में

जमीन पर लेटी तुम

और तुम्हारी तस्वीर लेता मैं

वक्त को रोक दो अब

बस मेरा होना इतना ही था

मैं अब और नहीं होना चाहता

थम जाना ही उचित है

अब मेरा इन अंधेरों में खो जाना ही उचित है;

इंतजार;

कतार में खड़े ये पेड़

न जाने किसका इंतजार है इन्हे

जो लफ्जों में बयां भी नही

धूप, बादल, पंछियों की कहकहाट

सब तो है यहां

फिर भी इंतजार है

किसी का

पता भी नही वो आएगा या भी नही;

ये पीले खिले हुए फूल

न जाने कब तक कदमों तले दबाए जायेंगे

कोई तो आयेगा कभी

जो इन्हे अपने बालों में लगाएगा

एक उम्मीद बस है

कोई आएगा

एक खुशफहमी ही सही;

एक पल का सुकून का

लंबे इंतजार के बाद

पल—पल खुद को घिसता

इस एक पल के लिए

कभी तो तू आयेगा

इन कतार में खड़े पेड़ो के पास

पूछेगा इनसे मेरे बारे में भी;

ढलती शाम के इंतजार में बैठा

अपने लफ्जों को आवाज़ दे रहा

कोई सुन ले इस अनकही पुकार को

कोई फिर से लगा ले अपने गले

कोई फिर से एक दफा करा दे यकीन

मेरे होने का

जैसे मैं हूं

एक दिलासा सा बस;

गिरते पत्तो में गिरता मेरा इंतजार

कब मिलेगा मिलन की ज़मीन को

वक्त ने भी बताया नही

की अब आखिरी मुलाकात है

शायद कुछ और पल

तुम्हें देख लेता

शायद और कुछ पल

तुम्हारी जुल्फों में रह लेता

शायद कुछ और पल

तुम्हारी आंखों में खुद को देख लेता;

पता है मेरा होना न होना

महज एक इत्तेफाक था

की हमारा मिलना लिखा ही नहीं था

इस ब्रह्माण्ड में होने वाली

एक और खूबसूरत दुर्घटना

और हमारा अलग होना दर्शाता है

की ब्रह्माण्ड फैल रहा है

जैसे कोई अदृश्य ताकत इसे खींच रही हो;

मैं किसी तारे सा

तुम्हारे इर्द गिर्द फिरता

तुम्हारी तरफ खींचा जा रहा

पता है तुम मेरे अस्तित्व को समाप्त कर दोगे

फिर भी तुममे खो जाने की तसल्ली

खुद के खो जाने से ज्यादा है;

बस उन खड़े पेड़ो

के पास जा

उन्हें छू कर बता देना

कैसा होता है है तुम्हारा स्पर्श

जिसे पाने के बाद

सारी बैचैनियां खत्म हो जाती है

रह जाती है तो बस एक खुशबू

जो ठीक इस मृगतृष्णा की तरह होती है

जिसके जितना पास जाओ

उतने ही दूर हो जाते है;

पेड़ो में छुपे इन धूप की ढलती किरणे

मुझे याद दिलाती है

आने वाले कल की

फिर एक इंतजार मेरा इंतजार कर रहा है

फिर इन कतार में खड़े पेड़ो की तरह

मैं भी वक्त में यहां अकेला रह गया हूं

तुम मुझे भविष्य में खोज रहे हो

और मैं भूत हो गया हूं;

कौन है;

इस वीराने में कौन है

जब सब ख़ामोश है फिर कौन है

तुम तो नहीं यहां

फिर तुम सा कौन है

इन आज़ाद परिंदों में कौन है

मौन है सब फिर इन शोर में कौन है;

धीमे चलते बादल में कौन है

इन ठंडी हवाओं में कौन है

रोड़ से कुछ दूर

इन तन्हाइयों में कौन है

अकेला बैठा पागल कौन है

कोई आवाज़ भी नही

फिर इस पुकार में कौन है

वक्त बीत गया है

फिर यादों में कौन है

आंखे खुली में तुम हो

तो फिर बंद में कौन है;

उन फरियादी आंखों में तुम थे

अब इन चुराती नजरों में कौन है

जब अधूरे में तुम हो

फिर पूरे में कौन है

गम में हम थे

फिर इन मुस्कुराहटों में कौन है;

उस चांद में तुम हो

फिर दूर इस चांद में कौन है

मेरे जीवन में तुम हो

फिर मेरी मौत में कौन है;

अगर जीता गया तो मर जाऊंगा

और तुम्हे हार मर ही चुका हूं

अच्छा है तुम नही हो यहां

फिर इन दूरियों में कौन है

कभी पढ़ना मुझे

तो समझना

इन शब्दों की गहराइयों में कौन है;

उस वीराने महल में तुम हो

फिर इस मकान में कौन है

प्यास की एक बूंद में तुम हो

फिर इस खारे समंदर में कौन है

जब दुनियां तुम हो

फिर इस दुनियां में कौन है;

हकीकत में तुम हो

फिर इन ख्वाबों में कौन है

इस बड़े खड़े पेड़ो में तुम हो

फिर गिरते पत्तों में कौन है

इन तपती धूप में तुम हो

फिर इन कांतपी सांसों में कौन है

माना की तुम कहां हो मेरी

फिर जो मेरा है उसमे कौन है;

सुबह जब तुम हो

फिर इन वीरान रातों में कौन है

तुम जब सांसे हो

फिर इन धड़कनों में कौन है

हां अगर फासलों में तुम हो

फिर इन हाथों में कौन है

अगर तुम मेरी हो

फिर मैं कौन हूं?

बीते सालों में तुम हो

फिर आने वाले कल में कौन है

इन जाते लम्हों में तुम हो

फिर आने वालों पलों में कौन है

मेरी फरयादों में तुम हो

फिर मेरी नसीब में कौन है

इस नासूर तड़प में तुम हो

फिर इस हंसते चेहरे में कौन है;

कौन आया है यहां

जहां से तुम गए थे

कौन है?

किसको भेजा गया है

इस तरफ़

जहां से तुमने मुंह मोड़ा था

एक और मासूम है

एक और मुजरिम है

अगर कातिल तुम हो

फिर मजलूम कौन है;

गुम आवाज़;

सुनो

एक अनकही सी आवाज

जो कहीं गुम है

जो निकली ही नही

जिसके निकलने की जरूरत ही नहीं

वो आवाज गूंज रही है

सुनो

एक आवाज है

जो धड़कती है मेरे अंदर

जैसे तबाही के अवशेष

जैसे सुखी नदी की चिलचिलाती रेत

जैसे आसमान का नीलापन कहीं गुम हो गया हो

जैसे फूलों की खुशबू अब उड़ चुकी है

ऐसे ही एक आवाज है

जो दफ्न है

भीतरी गुहाओं में

जहां तक कोई आवाज भी नही जा सकती

पर मैं जब तुम्हें देखता हूं

वो गुम सी आवाज

फिर से गूंजती है

टकराती है

उन दफ्न गुहाओं से

जैसे कोई किलबिलाती सी तड़पन

ऐसी आवाज जो दफ्न है

क्या वह कभी बाहर आएगी

या वोही दफ्न होकर खत्म हो जाएगी

क्या उसका बाहर आना

यह दुनिया बर्दास्त कर पाएगी

या फिर मै

उसे संभाल पाऊंगा

जब वो आवाज मेरी आवाज बन

इस दुनिया से टकरायेगी

तब फिर दुनिया खत्म होने की कगार पे होगा

सब याद रखा गया है

सब याद रखा जाएगा

फिर एक आवाज जो आज दफ्न है

एक आग की तरह न जाने किस किस को जलाएगी

न जाने कौन कौन तबाह होगा

सारी भावनाएं जो मेरी काली गुहा में दफ्न है

लौट कर तो आएंगी

उनकी वो डरवानी चीखें

कौन सुन पाएगा?

कौन मेरी मौन आवाज को अपनाएगा

मैं जानता हूं

ऐसा ही तूफ़ान

तुम्हारे अंदर है

और जब हम दोनो का मिलन होगा

यह दुनिया तबाह होगी

सबकी सजा होगी

यह सब खत्म होगा

और एक नया आगाज होगा

जहां बस सब हमसे ही होंगे

जहां हम एक गोल घर

बना कर उसमे अकेले जंगल में रहेंगे

जहां मैं और मेरी भावना

बस दो गुम आवाजे ही होंगी!

सोचता हूं;

जब भी सोचता हूं

तुम पास होते हो

न कोई दूरियां न ही फासले

न कोई रास्ता न कोई मंजिल

तुम बस पास होते हो

जब भी सोच लूं

तुमको साथ ही पाता हूं

जैसे मेरे होने में ही तुम्हारा होना हो

जैसे मेरी सांसों में

तुम्हारी जिंदगी हो

जैसे मैं जिंदा हूं

पर जिंदगी तुम हो

जैसे तुम दुनिया के लिए कुछ और हो

पर मेरे साथ मेरे पास हो;

तुम मेरा ख़्वाब भी और उस ख्वाब की हकीकत भी

तुम सांस भी और

उन सांसों की आहें भी

तुम जवानी का ज्वाला भी

और मेरी ढलती उम्र भी

तुम राख भी और धुआं भी

तुम साथ ही

जैसे मदमस्त हवाएं

जिनके होने का एहसास मात्र है

जिन्हे कैद नही किया जा सकता

तुम मेरी सोच

तुम मेरी नजर

तुम मेरा नज़रिया

तुम याद, ख्वाब, आरजू

तुम ही रगो का खून

तुम ही रंगो की होली

तुम ही मेरी रंगोली

सब कुछ तुमसे है

और सब कुछ तुम में है

जो तुम हो

तो मैं हूं

मेरी यह दुनिया है;

तुम हो मेरी

जैसे कभी किसी और की थी ही नही

तुम्हे मैने पाया नही है

बस अनंतकाल से तुम यही हो

जैसे बस होती हो

मेरे पास

इस तरह

जैसे बस हो अभी तुम;

वीरान यादें;

उस वीरान घर की दास्तान

कभी बिखरता था नूर वहां

तुम अब भी बसते हो

और हम अब भी तरसते है

उस पल को

जो वक्त में कैद है

जो कभी आज़ाद था

अब बस उस वीराने में जीवंत है;

कई दफा कोशिश की

फिर से जीने की

जिए भी पर फिर यादों की दस्तक हुई

फिर से ऊंचे ऊंचे पेड़ो के नीचे

खुद को बौना पाया

सब कुछ पा लेने की उम्मीद में

अब कुछ खोने को ही न रहा;

अब तुमसे मिलने का मन भी नही है

क्युकी कोई बातें ही नही है

करने को

कोई शिकायत भी नही

अब न मिलना ही सही है

क्युकी अब जो है

इस न मिलने की वजह से जिंदा है

जो मिले हम सब खत्म हो जाएगा

और फिर मैं बेरंग हो जाऊंगा;

तुम्हारी यादों का होना

तुम्हारे होने से अच्छा है

तुम अच्छे इंसान न बन पाए

मैं नफरत करता हूं

उस इंसान से जो तुम हो

और मुझे प्यार है जो तुम नहीं हो

या फिर जो तुम हो

मेरी सोच में

मेरी कल्पना में

शायद मैने ही तुम्हे बनाया है

जो तुम थे ही नहीं

खैर

अब इश्क है तो है

पर पाने के लिए भी

नार्सिसिस्ट से तुम

और मैं पत्थर में खुदा देखने वाला

अदना सा आशिक;

फिर से उस पुरानी प्रेम कहानी को

कोई पढ़ रहा होगा

उस वीरान से घर में

फिर से सूखे पत्ते जीवंत हो उठे होंगे

दीवारों पे लगे जाल भी

तुम्हारे मायाजाल से कम खतरनाक होंगे

उस पुराने कुएं की गहराई भी

तुम्हारी आंखों से कम होगी;

जब जब जिक्र होगा मेरा

नाम तेरा भी आएगा

जब जब मेरी बर्बादी की बात होगी

नाम तेरा भी आएगा

जब जब मेरे पागलपन की बात होगी

नाम तेरा भी आएगा

पर जब बातें होंगी तेरी

मैं कहीं नहीं होऊंगा

पर शायद उस छोटी काली बिंदी में

मैं खुद को पाऊंगा

और खुश हो जाऊंगा;

कोई बात नहीं

जिंदगी बस चलती रहेगी

पर याद रखना

जब तुम्हारा गुरुर खत्म हो जाए

जब तुम्हे चाहने वाले कम हो जाए

जब तुम तन्हा हो

जब तुम गुम हो

जब सब कुछ होने के बाद भी एक खालीपन हो

जब तुम मुझे खोजोगे

पर हिम्मत नहीं कर पाओगे

मुझे आवाज लगाने की

एक दफा बस नाम ले लेना

मैं फिर मिलूंगा

उसी तरह

जैसे कुछ हुआ ही नहीं

जैसे हम मिले थे

और मिलते रहे

मेरे ख्वाबों में

मैं फिर मिलूंगा

उसी वीरान घर में

उसी पेड़ के नीचे

कहानियां सुनाता

अपनी जवानी की कब्र पे बैठा

तुम्हारे न होने का अफसोस मनाते;

इस पल में;

तुम मेरा अतीत नही

न ही कोई भविष्य हो

तुम आज हो

तुम इस पल में हो

जब तुम होते हो

मैं यहां होता हूं

इन टेढ़े मेढ़े पेड़ो की शाखाओं में लिपटा

खुद को नही इन रास्तों को देखता हूं

तुम मेरा नयापन हो

तुम हो तो मेरा हर पल यहां है

न की कहीं और

मैं खुद को कहीं दूर नही

खुद में ही पाता हूं

मेरी आंखों में अपने आंसू है

मैं बस इन रास्तों में गिरते पत्तो की तरह

बस इस पल में ही खत्म होता हूं

न मुझे अपने अतीत से वास्ता होता है

और न ही भविष्य का इंतजार

तुम ही जीवन हो जो इस पल में होता है!

तुम्हारा स्पर्श न जाने कैसा सुकून है

जैसे सारे जाल अपने आप सुलझते जाते है

जैसे कोई मकड़ी इन जालों पे आसानी से चलती हो

जैसे नदी में बहता एक तिनका

जिसे डूबने का भय नही

जैसे ओस की बूंद

जिसे पी कर प्यास बुझाई जा सकती है

इस धधकती आग को

तुम्हारा स्पर्श शांत कर जाता है

राख भी बुझ सा जाता है

वक्त को थाम तो नही सकता मैं

पर मैं खुद थम जाता हूं

मेरी आंखे तुम्हारा स्पर्श पाकर बंद होती है

जैसे अब कुछ रहा ही नहीं

और कुछ होने को

जैसे सब कुछ घट चुका हो

बस अब यही जीवनचक्र हो

जो बार बार घटित होता रहेगा;

फिर से आस है

तुम्हारे पास होने की

लेकिन यह आस वर्तमान से है

इस पल से है

कल से नही

कल में जीना नही मुझे

बस अब जो है इस पल में है

तुम हो तो मैं हूं

इस पल में;

बस एक दफा;

जिंदगी एक मौका और देना

जब तुम आओगे

अपने साथ फिर वोही फुहार लाना

जिसमे भींग जायेगा जिस्म ही नही

पर मेरा वजूद भी

इश्क को मेरी न फिर लगेगी मेरी नजर

फिर ठंडी हवाएं

पैदा करेंगी सिहरन

जब तेरे माथे को छुएंगे मेरे लब

थम जाऊंगा मैं वोही

न फिर कोई होगा मेरे अंदर दूसरा

जब बाहर तुम होगे;

वो माथे की छोटी सी बिंदी

और तेरी मुस्कुराहट

फिर ले जायेगी मुझे

अपनी दुनिया में

जो दुनिया हमने बनाई थी

जहां सूखे पेड़

और खंडहर में पंछियों की कोलाहल

किसी पुरानी आत्म का घर

या फिर सदियों का इंतजार

खत्म होगा मेरा सफ़र;

तुम बस केह देना

की तुम फिर से एक दफा आओगे जिंदगी

की मैं कर लूंगा इंतजार

की मैं रोज़ सुबह-सुबह धुंध

में बनती परछाइयों में तुम्हें ही खोजूंगा

की बस आखिरी सांस से पहले

तेरी सांसों के करीब

मेरी धड़कन एक दफा बस और

धड़कना चाहती है

की बस एक बार और

तुम्हें जी भर के देख लूं

नही तो अधूरी ख्वाहिशों में

आंखे मेरी ज़मीन के नीचे भी खुली रहेंगी;

बस एक दफा मिल जा ऐ–जिंदगी

की तेरी उंगलियों की छुअन

तेरी खुशबू में नहाया मेरा बदन

की बस एक वस्ल की रात

की बस एक अधूरा चांद

और अंधेरे कमरे में तू मेरा चांद;

अधूरा रहने हो;

चांद आज आधा है

कैसे यह इरादा है

सब कुछ अधूरा है

फिर क्यूं कोई पूरा बने

और अपनी मंजिल तय करे

इस अधूरेपन में ही तो तुम हो

जो न हो सामने

होने की उम्मीद तो नही

पर तुम थी उसका सब्र है

अधूरा सा है

तो फिर क्यूं संपूर्णता की तरफ जाए

जहां अंत है

और एक नई शुरुआत

पर मुझे नही चाहिए नया जीवन

जहां तुम्हारी यादें न होंगी

जहां तुम न होगी

और न चांद अधूरा होगा?

तुम्हें थामा भी मैने अधूरा ही है

पूरा होता तो

खत्म हो चुका होता दर्द

पर इस दर्द का भी मज़ा अधूरा है

यह भी आधा ही अधूरा है

तुम पास भी अधूरे हो

दूर भी अधूरा है

पास और दूर का फासला भी अधूरा है;

तेरे दूर होने का मलाल भी है

और पास आने का इंतजार भी है

पर ये इंतज़ार भी अधूरा है;

परिंदे की उड़ान भी अधूरी है

तेरी खामोशी भी अधूरी है

तो फिर पूरा क्या है?

जब तेरा जाना भी अधूरा है

हां तेरा आना भी अधूरा ही रहा

पूरा होता तो शायद खत्म हो जाते

मेरे शब्द भी अधूरे है

मेरे ख़ून का कतरा भी अधूरा है

इस दिल का धड़कना भी अधूरा है

हर एक तस्वीर अधूरी है

सावन की फुहार अधूरी है

पगली ब्यार भी अधूरी है;

तो रहने दो

इन लबों का अधूरापन

जो चूम लेता

तो ख्वाहिश पूरी हो जाती

इसका अधूरा होना भी जरूरी है;

वो तेरे हाथों का टटोलना भी अधूरा है

बाहों में भरना भी अधूरा है

तेरी मेरी धड़कनों का एक होना भी अधूरा है

तेरी खुशबू का नशा भी अधूरा है

हां, मैं भी अधूरा हूं!

गुमान;

गुमान तेरा

कहीं पर्दा तो नही

कही दबा दर्द ही सही

हर दफा एहसास दिलाता है तू

बीती बातों से

उन काले धागों में गुथी

मेरी भावनाएं

जिन्हे खोला नही तूने अभी तक;

मुझे साथ रखता है

अंधेरे में अभी भी मेरी राह तकता है

पर सारा दोष इन उजालों का है

जिनमें ये संसार अपने जंजाल फैलाता है

जहां अभी भी 'सोनी' को डुबाया जाता है

जो सोचता होगा तू मुझे

याद आती होगीं

सारी गुस्ताखियां

जब कोई बंधन न था

जब हमारे गाल गुलाबी थी

धूप जब शराबी थी

जब हवाएं तेरी जुल्फों से छन कर आती थी

जब तेरा दिल मेरे लिए धड़कता था

जब पुराने टीले पर

एक जोड़ा बैठा करता था

उड़ते जहाजों को गिनता

धुओं का छल्ला उड़ाता था;

तू तब भी दूर जा रहा था

खबर थी हमे

पता था

तू रुकने को नही आया

फिर भी दिल न माना

रोक न पाया खुद को

सब दे दिया तुझे

मेरी जवानी

मेरा इश्क मेरी वफ़ा

मेरा कल और वो हर पल

जिनमें तू था

और होता है

बरसो बीतें उस बात को

वो आखरी दफा जब तू करीब था

जब तेरी सांस मेरी थी

वक्त भी तेरे साथ चला गया

वो बेफिकिरी भी गई

और गया सब वक्त की गहराइयों में

जहां से सिर्फ यादें वापस आती है;

देख न तेरी याद का असर

पता नही क्या पाया मैंने

तेरे जाने के बाद

पर फिर ऐसा खोया नही मैंने

अब जब गम नही

कुछ भी खोने का

जब नहीं है तू

जिंदगी ही खोता गया मैं

बारिश आती रही मेरे दरवाजों तक

बंद खिड़कियों पे दस्तक बना रहा

पर कोई अंदर न आ पाया

पर कोई तेरी यादों को न मिटा सका

या फिर मैने ही नही मिटने दिया

तेरे नाम को;

तेरे लबों पे मेरा नाम आएगा

इसके इंतजार में

सारी पुकारें नजरंदाज कर दी

पर तूने अपने लबों पे

न आने दिया हमारा नाम

पिया कैसा तेरा गुमान;

वक्त के कदम

यूं तो न ऐतबार है

तू हर दफा मुकरा है

फिर भी हमे मंजूर है

यूं तेरा मुकर जाना

हर दफा रास्ते में छोड़ जाना

की तू फिर कभी मिलेगा

जब कोई बंधन नही होगा

जब तेरा बीता वक्त आज़ाद रहेगा

कोई जंजीर न होगी

जिसने जकड़ रखा हो तेरी वफ़ा को;

न तू करीब हैं और न ही रकीब

न तू मंजिल है न रास्ता

फिर भी तेरी ओर आता हूं

और फिर तेरी बातों में खो जाता हूं

बन पागल तेरा हो जाता हूं

नही ऐतबार मुझे तेरा

फिर भी सब मंजूर है

तेरा साथ, सारे हदे तोड़ दूं इसके लिए

सारे रिश्ते मंजर मोड़ दूं इसके लिए;

क्यों उदास है

ऐ सुकून–ए–दिल

हर पेड़ की तन्हाई

इस अंधेरे की परछाई

इस आसमां की शून्यता सा विशाल

इस रात का खालीपन

इस बात का भोलापन

इस हसीं की खूबसूरती

इन बातों का प्रमाण है मेरा यहां होना

अतीत से बाहर यहां

जहाँ तेरी खुशबू है बसती;

फिर छू लो तुम

फिर मेरी आत्मा को जगा दो

मुक्त कर दो मुझे दासपन से

की फिर जी लूं

और छू लूं

उन रुखड़े लबों को

फिर से भर दूं

सांसों की गर्माहट से पिघला दूं

सारे शक हटा दूं

बस एक बार देख लूं

रक्तरंजित चांद को नदिया लाल करते

खून फिर धरती के रगों में उतरते;

दिल करता है

रख लूं समेट सब कुछ

फिर निकल पड़े हैं

वक्त के नन्हे कदम

आगे की तरफ

फिर न जाने कब मिलेंगे वक्त हमारे!

सब धुआं है;

सब धुआं सा है

तूफान तो कब का गुजर गया

बच गया बस एक अंधकार सा है

सब धुआं सा है

अंधेरा ही सत्य है

अब रोशनी मिथ्या

जो नही है, उसकी तलाश है

जो है वो बस धुआं सा है

राख भी नही बची

जिसको पकड़ लेते

वक्त ही धुआं है;

उन विरानियो में

जहां आहट भी धुआं है

मेरा वजूद धुंधला है

किसको खोजते हो

यहां बस धुआं ही है

करते रहे ताउम्र हम उस पार जाने की कोशिश

अब इस पार भी धुआं है;

चांद भी छिप गया है

रोशनी उसकी अब धुआं है

अकेले बैठे

सोचते है, जो है वो बस धुआं है

मेरी आत्मा भी मिट चुकी है

उसका निशान भी धुआं है

देर कर दी आने में

राख कुरेदने में

जख्म भी अब धुआं है

देखो इस ओर एक बार

मैं हूं या धुआं है;

तुम्हे आता है बांधना तो

बांध दो इस धुएं को

पकड़ लाओ वक्त को

गूंथ दो मेरे गम

और बना दो इससे वजूद मेरा

खोज लाओ चीखे मेरी

जो गुम है

ढूंढ लाओ यादों की मुरझाईं पंखुड़ियां

खिला दो फिर से कोई फूल

कांटे निकाल मेरे जिस्म से

भर दो मेरा खून अब जो धुआं है;

कब तक करु मौत का इंतजार

अब वो भी धुआं है

मरना तो था हमे

पर मरे कई दफे है

जिंदगी ही अब धुआं है

देखो तन्हाई मेरी

लौटा दो वो नजर जो तुमपे टिकी थी

क्युकी अब वो भी धुआं है;

डरते रहे ताउम्र हम तुम्हे खोने से

अब सारे डर धुआं है

कुछ पा भी लूं तो क्या?

तुम्हे न पाने का गम अब धुआं है

जला है जिस्म मेरा

इतनी दफा

अब तो रूह जलने से उठा धुआं है

बच गया जो सब धुआं है;

परछाई ढूंढते थे हम तेरी

अब वो भी बस धुआं है

न उम्मीद न एतबार है

एक प्यार था अब वो भी बेजार

ऊपर उठता धुआं है;

सब कुछ कह दिया

जो न कह सके वो धुआं है

जो बनाता हूं तेरी तस्वीर

बनता बस धुआं है;

क्या चाहता हूं;

थक सा गया हूं ऐ ज़िंदगी

आराम चाहता हूं

नही हारा भी नही

बस रुकना चाहता हूं

भाग, भाग रुक सा गया हूं

ठंडी छांव भी नही चाहता हूं

पल भर सांसे गिन लूं अपनी

दिल पे अपने बस एक हाथ चाहता हूं;

मांगा जो मैने

तूने बेहिसाब सा दिया है

अब अपने वक्त का हिसाब चाहता हूं,

जो रातें बीती यादों में

उन यादों से निजात चाहता हूं

इश्क न सही

उसकी एक पुकारती आवाज चाहता हूं;

धुंध से गुजरती एक राह चाहता हूं

आसान भी नहीं चाहता हूं

ठंडी मंद हवाओं का साथ चाहता हूं

तू गुजरे जिधर उधर भी नही चाहता हूं

बस तख्तियों पे लिखी

एक खो गई आवाज चाहता हूं

अंधेरे ही सही

कहां उजाले की ओर चाहता हूं;

मुंह फेर ले भी तू

बस तेरे तौर चाहता हूं

तू आंखों में भी नही चाहता

बस यादों से दूर चाहता हूं;

हां ज़िंदगी बस आराम चाहता हूं

पल भर का भी नही

उसकी आने की झूठी सी सही खबर चाहता हूं

उस गुमनाम जंगल में

जलती आंच की गुमनामी ही सही

पर अपना एक मकाम चाहता हूं;

क्या ही चाहता हूं?

बस यादों की रुखसत

एक आखिरी पैगाम चाहता हूं;

मैं हूं!

इस प्रकृति के समीप

मैं इसका हिस्सा बस नही

मैं खुद भी हूं

मेरा होना तय हो न हो

पर मैं हूं

मेरा होना महज इत्तेफाक हो

पर मैं हूं

इन रंगों में आसमान से नीचे

और मेरे ऊपर फैली इन पत्तियों में

ऊंचाई से गिरते

हवा में गोते लगाते पंछियों के साथ हूं

नई सोच, नई तरकीब में हूं

घास ने रास्ता खोजती चींटियों में हूं

हर किसी की तड़प और मुस्कुराहट में हूं;

चांद और महबूब

इन दोनो में मेरी परछाई है

उसकी खुश्बू

और हर बातों में मैं हूं,

सूखे पेड़ो की टहनियों ने

जलती धधकती आंच में

हर एक ज्वलंत सपनो मे

बदलाओं की हर बुलंद आवाजों में

मैं खुद का ईश्वर

और बदलती ऋतु का आनंद लेता

टहनियों पे बैठा मीठी आवाज लिए

तुझको पुकारती एक खोई आवाज हूं

मैं सपनो का बिखरना

और हर एक आंसू का खारापन हूं;

बीते वक्त की दबी जुबान

खुद को बर्बादी की राह दिखता मैं

मैं ही हूं जिसे इस प्रकृति से प्यार है

लेकिन इसकी तबाही का इंतजार भी

मैं ही खोजता हूं

इस जीवन का मतलब

और पता भी है की कोई मतलब भी

एक खाली वक्त में फेंका हुआ मलबा हूं

आज किसी का ताज तो कल

छिपाने वाला काला राज़?

मैं टहनियों टहनियों में घूमता

जंगल की गूंगी आवाज हूं

मैं ही तुम्हारा वो ईश्वर हूं

जिसकी तलाश में तुम भटकते हो

मुझसे पूछो अपने सवाल

मैं ही उन ऊंचाई में बसी ठंडी बर्फ हूं

मैं ही प्यास और उसको बुझाने वाली आस हूं?

नई कविता की पंक्ति

और पुरानी कहानियों में बसी आहट

मैं ही नया जन्म

और मैं ही मृत्यू

अटल सत्य भी और मृथ्या

तेरा भ्रम और सारे कर्म

मैं ही कर्ण और अर्जुन

मैं ही कृष्ण और उनका सुदर्शन

कटु वचन भी

और मीठी कविता भी

मैं ही हूं

जो भी हूं

मेरा होना तय नही था

पर अब जब मैं ही

सिर्फ मैं हूं!

ढलती शाम;

वो ढलती शाम

बहता वक्त या मेरा यौवन

चिंताओं की लकीरें

खींची रक्त की लालिमा सी

खुले आकाश में

बातें करती मेरी यादें

अपने आने वाले कल और इस पल से

जीवन की बागडोर संभालने वाले

वो ज्वलंत विचार

क्या बुझ जायेंगे इस भूख से?

कैसी आग सी है

सब कुछ है फिर भी कुछ होने की आस है

आसपास है सारे मंजर

कल तक जो जमीं थी बंजर

आज खिलते फूलों की खुशबू से खींची

आई है कुछ तितलियां

इन तितलियों ने मेरे रक्त से सींची ज़मीन

को अपना आशियाना मान लिया

कुछ तो दफ्न है

इस ज़मीन में

पर किसका जिस्म है

या फिर रूह

जिसने बंजर मंजर को खिला दिया

क्यों यह लकीर अब इंद्रधनुष सी फलक पे है

मेरी फिक्र में क्या फर्क है

आज भी इनमे है बसी है वोही भावनाएं

आज़ भी इनमे है

वो इंकलाब की आवाजे

मौत भी न मार सके ऐसी गूंजती आवाजें

मैं कौन हूं?

एक मुसाफिर

एक राहगीर

एक अदना सा इंसान

या सदिया खुद में समेटे

सही वक्त की आस में समेटे खुद को

बस फटने को आमादा

क्यों है मुझे तबाही का इंतजार

क्यों मुझे है बर्बादी से प्यार?

मैंने खुद को खूबसूरत तौफा दिया

उस रक्त सिंचित जमीन पे

खुद के लिए तैयार कब्र है खोदा

मैं भी दफना दिया जाऊंगा

इस वक्त के मझधार में

मैं भी बन फूल

खिल आऊंगा

किसी ऊंचे स्थान पर

जहां से चांद नजदीक होगा

और ऐलाने जंग

में फेक दिया जाऊंगा

किसी के कदमों तले

पर उससे पहले एक बार

एक आखिरी बार

मुझे भर लेने दो यह आज़ाद सांसे

एक बार बस एक बार

मर जाने दो

ख़ुद में!

जीवंत होना!

एक तुम एक मैं

किसी ट्रेन के आने की आहट

कुछ आ रहा या कुछ जाने को है

खामोशी से तुम्हारा यूं जी भर के मुझे देखना

जैसे काली रात को तकता है चांद यूं

ठंडी मंद हवाएं

जैसे सिहरन पैदा करती है

जिस्मानी नहीं रूहानी

जिस्म की तपन तो मिट जाती है

रूह फिर भी तपता है

इस बारिश में भी

बूंदे मुझे छूती कहां अब

किसी अकेले सूखे पेड़ की तरह

भुजंग सा श्याम मैं

खुद में ही पूर्ण या आंशिक

तलाश! पर किसकी

बीते वक्त में खोजता आने वाले कल की आहट

क्या उसके आने की आश है?

नही! वो कौन है

अगर मैं नहीं

मुझसे ही तो सबका होना है

अगर मैं अपूर्ण हूं तो सब कुछ अधूरा है

इस पूरे संसार को खुद में समेटे

मैं ही तो वो चांद हूं

जो तेरी छत पे चमकता

और मैं ही वो सुखा पेड़

जिसकी टहनियां किसी मरे सांप की तरह ऐंठन लिए है

जैसे कितना कुछ है

कहने को

करने को

पर अब मन नहीं

की फिर से किसी को खुद का पता दे

अगर खोज सकते हो मुझे तुम

तो ढूंढ लेना

किसी अंधेरे कुंए में

किसी बुझे दीपक के समीप

किसी अधमरे जानवर के अंदर

जो अपने मांस नोचते गिद्धों के झुंड को देखता

और उफ्फ तक नही करता

जैसे उसे जीवंत होने का आभास ही नही

जैसे उसका जीवन

जीवंत ही नही

जैसे मर जाना कुछ नया नहीं

© जितेंद्र कुमार शर्मा

राख;

सफ़ेद धुआँ अपने पीछे छोड़ जाता है

जमीन जहाँ बैठ

किनारे राख के ढेर पर

कुछ बातें बनती है

जहाँ चाँद के बादल से झांकने का इंतज़ार है

बादल में मिल जाने को

सफ़ेद धुआँ आगे की तरफ चलता है

पीछे छोड़ जाता है

ग़मगीन रातें और एकांत आवाजें

जो अब शांत है

अब कोई नहीं है

बस मैं हूँ

इस बेबसी का इकलौता गवाह

न जाने कब से भाग-भाग थक गया?

अब जब तुम्हारी बाँहों का सुकून है

न जाने क्यों किसी अनहोनी की आशंका है

न जाने क्यों राख़ के धस जाने का डर है

दूर दूर तक एकांत पसरा है

कुछ जुगनू पेड़ो के टहनियों से आंखमिचौली खेल रहे है

ठंडी हवा मेरे गर्म कानों को सुकून दे रही है

फिर जाने का मन तोह नहीं यहाँ से

पर एक चक्र की तरह

इसका भी अंत निश्चित है

और फिर एक उम्मीद

की फिर से आऊंगा

उन सफ़ेद बादलों से तुम्हारा मिलन देखने

की फिर आँख बंद कर राख़ के टीले पर चलने;

यूँ न कभी बेफिक्री होगी अब

यूँ न अब आँखे बंद होंगी

तुम्हारी तरह फिर न जाने कब मुझे वापस मिलेंगी

वोह बेफिक्री के दिन

जहाँ न कहीं जाने की जल्दी थी न कहीं से आने की

जहाँ बस बैठ कर जी भर के देखना होता था

कभी पंछियों को

तोह कभी बादलों को

तुम आज़ाद हो और मैं समय चक्र में गिरफ़्त

तुम खुश्बू हो और मैं कांच की शीशी

तुम्हे कैद करू भी तोह कब तक

तुम्हारी मंज़िल इन हवाओं में है

घुल जाना ही तुम्हारा मुक़ाम है

मैं कठोर पठार हूँ

तुम बहती रहती धार हो

काट काट मुझे तुम हर बार छू जाती हो

फिर से आने को

फिर से मिलने को

फिर से अपनी खुश्बू बिखेरने को;

तुम्हे कैसे क़बूल करू

तुम आज़ाद हो

और मैं कैद

कभी यादों में कभी वादों में

कभी रिश्तों नातों में

समाज के खोखले रिवाज़ो में

तुम एक छंद और मैं नीरस -निर्जीव;

तुम उस सफ़ेद धुंए की तरह

और मैं राख की ढेर

जो परत दर परत ख़ुद में दबता जा रहा हूँ

जो ख़ुद के कल में दबा

आने वाले कल की तरफ़ देख भी नहीं रहा

जिसकी अब कोई उम्मीदे नहीं

न कोई ख़्वाब है

न ही अब हिम्मत है

फिर से जीने की;

तुम सावन की तेज़ फुहार

और मैं चिलचिलाती धुप

तुम्हारा स्पर्श जीवंत करने वाला है

और मैं प्राण हरने को आमादा

तुम उम्मीद की किरण

और मैं मातम का मृदंग

तुम यौवन

और मैं ढलती शाम

तुम आग का गुब्बारा

और मैं बची राख;

भ्रम या माया;

भ्रम या माया

कोई एक साया

आँखों के भीतर एक आँख

शोले से बुझी राख

अन्तर्मन का द्वंद

एक अकेला छंद

करता हो जैसे अँधेरे की व्याख्या

जैसे भीतर बैठा मेरे

छेड़ता मुझे एक फाँस

एक आस, जैसे कोई इंतज़ार

जैसे सदियों बाद की बहार

कोई है या मेरा खालीपन

सपने बुनते दिन में बैठा थका मेरा मन

तन, नहीं इसकी अभिलाषा नहीं

जैसे मखमल की चादर

छोड़ टाट पे बैठा

अकेला मेरा सूनापन;

अंदर से कचोटता मुझे होना

छिपता फिर ढूंढ कोई कोना

नहीं था होना

फिर भी हूँ

क्यों? वजूद मेरा

है एक सवाल यहाँ?

जैसे फेका हो मुझे किसी ने

इस तरह दूर

इस वक़्त में, क्या यही थी मेरी मर्ज़ी?

या पूछा भी नहीं किसी ने

तुमने देखा है आकाश का सूनापन

कभी झाँको भीतर मेरे

सवाल है यहाँ अनसुलझे अनकहे

जवाब ढूंढो इनका

क्यों है मेरा होना?

भ्रम या माया

तेरा ही तोह है वोह साया

जिसने है मुझको खाया

खोखला भीतर से

गोस्त मेरा,

डूबता अँधेरे कुएं में

आख़िरी रौशनी का अवशेष

हड़डपा की खुदाई से निकला

जैसे कोई चाँद का एक टुकड़ा

कई प्रेमियों की प्रेमिकाए

कई अधूरी कविताएं

कई अनकही कहानी

अपने में समेटे

लेटे अपने उस कब्र में

देखता पश्चिम के उस तारे को

चढ़ता फिर चाँद की तरह

ढल जाने को

चल जाने को

कही दूर

पर फिर वही मिलता है

भोर में

जहाँ उसने कहाँ था

तुम मेरे हो

और मेरे ही रहोगे

भ्रम मेरा

और माया उसकी;

अश्क़-ए-अब्र;

एक रंग सा अकेला कौन है?

यहाँ तोह सब एक जैसे है

या तोह बेरंग

या तोह एकरंग है

अज़ाब है यह एकरंग

लाल है बहता इश्क़

लाल है रंजिश-ए-अबद;

रोज़ लेकर बेरंग तन

बाजार में बिकता है

कभी कोई तोह कभी कोई सा रंग

एक सा ही तोह है

अब सब रंग

खाली पेट माथा टेक

बनता है कभी हरा तोह कभी केशरी रंग;

अब्र से गिरता

हर बेरंग है एक रंग

असीर-ऐ-उम्मीद

खोता गया यादों की फंदे में

फस गया है

अब एक रास्ता चाहिए

खुद की आज़ादी उसके इज़्तरार से;

ताब उसकी जलाती गयी

एक उम्र तक

अब न उम्र है न वह ताप

फिर भी जलते है

रोज़ रात बैठ उसी रास्ते को चलते है;

उसका तसव्वुर

उसकी तिश्नगी

नाकस, नाकाम इश्क़ मेरा

चलता है फिर उसी राह

नर्गिस-ए-समंदर है सामने

और मैं डूबने को आमादा

शमा का एक और परवाना

जो जल भी गया

तुझे ही तेज कर जाऊंगा

मर भी गया

तेरी उम्र बढ़ा जाऊंगा!

अब्र -बादल

अबद-अनंतकाल

असीर-बंदी

इज़्तिरार= बन्धन

ताब- आग

नाकस-कमज़ोर

इंतज़ार-ए-जीत

कुछ ख़ाब मेरे रहने दो

यह अज़ाब ही सही मुझे सहने दो

तुम भी हो यहां

अब बस युहीं मुझे बहने दो

चाँद की रौशनी में

चेहरे को नज़रो से छूने दो;

थिरके फिर हम

पेड़ो की सरसाहट में

रात को फिर इसी तरह बस बहने दो

पल दो पल फिर

साथ और हमे रहने दो;

मेरी परछाई में छिपे

उन आकृतियों को रहने दो

मुझसे भारी इनका वजूद रहने दो

कौन हूँ मैं?

इसे इन परछाइयों में ही छिपे रहने दो

जो जाग गया

तबाही को बस युहीं सोने दो

तुम्हारी मौजूदगी का एहसास रहने दो

ख़ुद से चला जाऊंगा

इस सुबह को दूर रहने दो

रात की गति मद्धम ही रहने दो

बस पानी सा मुझे बहने दो;

टुटा है जो

उसे रहने दो

अंदर का अँधेरा रहने दो

उजाले से दुश्मनी रहने दो

दुनियाँ को उस तरफ ही रहने दो

दूर आ गया हूँ

अब उसे उसी तरफ रहने दो

आँखों में बंद तस्वीर रहने दो

ना खोज़ उसे 'जीत' अब

उसे खोया ही रहने दो;

जो बन रहा है सब जैसा

मुखौटा अब रहने दो

घुट-घुट मर जायेगा

जो था या है

उसकी लाश यही रहने दो

महताब को अब

किसी और का होने दो

'मीर' का कब तक इंतज़ार करेगा 'जीत'

अब सुकून से उसे सोने दो;

बिखरी लकीरें;

तेरे हाथों की बिखरी लकीरें

त्रासदी को समेटे अपने अंदर

जैसे थोड़े अंतराल में घटने वाली घटनाएं

जिसकी आहट हमे सुनाई नही देती

पर एहसास होता है

एक डर जो अंदर पलता है

जैसे कोई हमे अंदर से खा रहा हो

जैसे कोई भयानक आकृति

जेहन में बैठी हो

और धीरे धीरे सामने आ रही हो

जैसे मातम दूर से हमे देख कर मुस्कुरा रहा हो

जैसे सूखा पेड़ किसी भी पंक्षी को आकर्षित ना कर पा रहा हो

जैसे उसका अकेलापन ही उसकी मृत्यु

जैसे आकाश से आने वाली बिजली का आलिंगन

उसकी मुक्ति का मार्ग

जैसे बाहें खोल एक आमंत्रण दे रहा हो;

तेरे हाथों की बिखरी लकीरें

जैसे किसी ने बेरहमी से

पूरे बदन पे खंजर चलाया हो

जैसे कोई पुरानी रंजिश का अंजाम

जैसे अभी भी जीवंत हो

वोह ब्रह्मराक्षस

उसकी चोट अब नासूर है

उससे निकलता द्रव्य

अब न जाने कितनी ज़िंदगी का जिम्मेदार है

एक मृत्यु लाखों जीवन

जैसे कोई समीकरण;

तेरी हाथों की बिखरी लकीरें

क्या इनमे मेरी त्रासदी भी है

क्या इनमे मेरा जीवन या मृत्यु है

क्या मेरी बर्बादी है

या किसी अनकही कहानी का पात्र

जिसकी मृत्यु ही उस कहानी को जीवंत करेगी

इन बिखरी लकीरों में

मैं हूं या नही

पर इनमे मेरा गम है

मेरी ट्रेजेडी है

मेरा वजूद न हो

पर मेरी कहानी है

मेरी अनकही चीखें है;

इंतज़ार है

तू आइना है

जब सामने होता हूँ

तुझमे होता हूँ

मेरा होना तुझसे होता है

नहीं तोह मैं कहाँ होता हूँ?

सूखे पेड़ सा

बारिश की राह तकता हूँ

बूंद बनकर गिरती है तू

फिर खुद का वजूद क्यों तलासते हो

तुम जब मुझपे गिरते हो

वही खत्म हो जाते हो तुम

अब तुम और मैं कहाँ ?

हम है, दो नहीं एक है!

सब कुछ एक सा नहीं है

हर बारिश एक सी कहाँ?

हर बूंद अलग है

हर प्यास अलग सी है

हर आईना अलग सा है

सबमें मै वह नहीं

जो मै सच हूँ

सच या झूट नहीं

मै हूँ

या नहीं

तू है या नहीं

पता नहीं?

बस अब जो है यही है

खुद को तलासना मत

खुद को खोजना मत

खोये तुम नहीं हो

न मै खोया हूँ

यह रास्ते यह मंज़िले खोयी है

खोये लोग है

हम नहीं!

हवाओं को बांधा है किसी ने कभी

या रोक पाओगे तुम मुझे

मै ख़ुद हूँ

क्युकी तुम हो तोह मैं हूँ

तुम आईना हो

और मैं एक परछाई

जो सच में है या नहीं पता नहीं

बस दो दुनिया के बीच की एक कड़ी हूँ

मै हूँ भी और नहीं भी;

चलो न अब छोडो

हम क्या है?

सच है या झूट है

जो भी है, इस दुनिया से दूर है

एक पेड़ है

जो बारिश की इंतज़ार में सूख रहा है

पता नहीं बुँदे बन तुम गिरोगे या नहीं

पता कुछ नहीं है

फिर भी इंतज़ार है

आईने की

इस परछाई को;

पता कुछ नहीं है

फिर भी इंतज़ार है

आईने की

इस परछाई को;

ठंडी मंद हवाएं

तेरे मेरे होने का एहसास

दूर से आती

सारी यादें

पास बनती बातें

सड़क के किनारे

मुंडेर पे बैठे लेटे हम

एक दूसरे के होने का एहसास

पास है अभी

या दूर जाने की बात

सदियों से यही हो जैसे

या फिर पहली बार होने का एहसास

तितलियां, पेड़, पंछी

सब तो है

तू जो है

बस अब वक्त से कह दो

रुक भी जाए

थम जाए

धूप भी छुप गई है

तेरे चेहरे में छिपी मेरी यादें

लहरों के थपेड़े खाता मैं

डटा हूं इस किनारे

इंतजार है तेरा कब से

तू बस अब मुझमें शामिल है

यह वक्त ही हमारा कातिल है

पर यादें संजों कर

हम वक्त से भी जीत जायेंगे

कैद कर इसे अपने लम्हे पिरोएंगे

फिर से हम कभी

उन आज़ाद तितलियों के पार जायेंगे

फिर से हम मिलेंगे

फिर से हम खो जायेंगे

फिर से तन्हा वक्त को जिंदा कर जायेंगे।।

मख़मल की परत ओढ़े

मख़मल की परत ओढ़े

वक़्त यूँ फिसलता रहा

कभी आगे तोह कभी पीछे

फ़िक्र में गुजरी शाम कभी

और कभी सुबह बीते लम्हों में

उस तरफ से उनके आने की ख़बर थी

हमने इंतज़ार को यूँ ही नहीं मोड़ दिया

उससे पूछते है लोग उसकी ख़ामोशी

वज़ह आज भी वही है वह भी बदल दिया

मेरा होना महज़ इत्तेफाक था

झूठ भी कई दफ़ा सच की तरह बोल दिया

उनकी आँखों की चमक में

फिर से गुजरा शाम

यूँ ही सूरज से मुँह हमने नहीं फेर लिया

चाभी बदल दी मकान की उसने

हमने मकान यूँ ही नहीं बदल दिया

चाहने वाले तोह हज़ार थे 'जीत'

हमने यूँ नहीं उनको चाहना छोड दिया?

साँझ की तस्वीर

साँझ को ताकती

एक शिथिल बावड़ी

वृक्ष के मध्य से छनती

गिरती कुछ ढलती किरणे

काँधे पे गिरते

उलझे-सुलझे जज़्बात

नाजुक सी उंगलियों की सुगबुगाहट

दूर-दूर तक

उसके होने की खुश्बू

कुछ न सोच पाने की बेचैनी

और उसके होने का सुकून

आपस में टकराते

यह पल और आने वाला कल

क्या यह वक़्त थम नहीं सकता?

क्या आज जाना जरुरी है?

क्या फिरसे यह पल जीवंत होगा ठीक इसी तरह?

और उसकी आँखों में

चीखती पुकार

क्यों नहीं तुम मुझे चुरा लेते

छुपा लेते

इस दुनिया से

इस लम्हे में

इसी तरह बस ठीक इसी तरह

इतनी ही ख़ामोशी में

इन लम्हों को कैद करती हमारी नज़रे

आपस में टकराती और

किसी अनजाने कल के डर से

फिर किसी अनजानी चीज़ को ढूंढने लगती

क्या ठीक है इस तरह

इश्क़ में कल की फिकर करना

क्या प्यार कल का मोहताज़ है

इस दुनिया के खोखले रिवाजों की जंजीर में

जकड़े उसके लब्ज़

क्यों नहीं कहते

जो बातें उसकी आँखों ने कह दिया है;

क्यों न आज मैं

अपने आग़ोश में उसे छुपा लूँ

क्यों न आज मै

उन लबों को लबों से पढ़ लूँ

इतना ही वक़्त क्यों है

सब्र का यह खेल अब सही नहीं है

पर डरता हूँ

आने वाले कल से

इस पल को जीने से डरता हूँ

जब जाने का ज़िक्र होता है

डरता हूँ

कही यह आख़िरी मुलाकात तोह नहीं

फिर से एक बार क्यों न तुम्हे देख लूँ

उन बिखरी ज़ुल्फों को

फिर से एक बार क्यों न

कानों के पीछे समेट दूँ

कही तुमसे मिलने का हक़

खो न दूँ

डरता हूँ अब कहीं रो न दूँ?

साँझ की परछाई;

साँझ की परछाई;

साँझ की परछाई की तरह

धुँधला सा वज़ूद मेरा

तुझमें घुलता

राख बन उड़ता

उंगलियों के बीच से निकलता

कभी लकीरों में उलझता

कभी जुल्फ़ों से

उतरते उन बूंदो में

खुद की उल्टी तस्वीर देखता;

वक़्त की चादर ओढ़

मटमैले टीले के पास

कुछ खुसफुसाहट

बीते लम्हों की दास्तान

जैसे आत्मा ने

पुनः धारण किये हो

एक नए वस्त्र

फिर से कुछ पंछियों का झुण्ड

फिर से वह मद्धम बारिश

और तुम्हारी भीगे

बदन की ख़ुश्बू

में डूबा मेरा चितवन

एक पावनता का एहसास

एक पवित्र ग्रन्थ

या कोई मंत्र

तुम्हारे लबों से निकलते

वह सदियों पुराने प्रमेय या छंद

सांसे आग की लपटे

डोलती तेज़ आंधी में;

मिल के भी न मिल पाना

बिछड़ना है

जानते हुए भी

फिर पास आना

दो विपरीत ध्रुव

दो आकाशीय बिजलियाँ

प्रलय काल ही है

जिनका आपस में मिलना

उस अंतिम छोर से

बिना धागे

मुझे प्रभावित करती

वह क्वांटम इंटेंगल्ड कण;

रात के अंधेरों में

निशाचर सा विचरण करता

मन, त्वरित गति से

घूमता-झूमता

तेरे इर्द-गिर्द

जैसे फिर से कोई नई शुरुआत

या फिर एक आख़री अंत

अत्यंत व्याकुल मन

तन की मलीनता

न कोई आभास

सुबह की पहली किरण

जैसे हो चुभती

किसी काँटे सी

यह अँधेरे रास्ते

उजालों में नहीं चलते

और फिर जहाँ

थम जाते क़दम

वही बन जाती है

यादों की गुँथी

मरे पुष्प के सुगंधहीन गुच्छे;

नाज़ुक सी उँगलियाँ

नाज़ुक सी उंगलियों

में न जाने कितनी उलझनें थी

जो थामा मैंने

दिल की धड़कनों ने

बयान किया

इश्क़ उसका शाम मेरी

और बातें जो

मैंने न बयान की;

फिर से दिल ने एक ख़्वाहिस की

फिर से उसे देख आरज़ू

ने करवटे ली

इश्क़ ही तोह है

उसकी सादगी में

माथे पे वह छोटी सी बिंदी

जैसे मेरे इश्क़ का चाँद

जैसे मैं चकोर;

तोड़ दूँ सारे बंधन

कि अब उसकी डोर से उलझा मैं

फिर से न सुलझ पाउँगा

बैठ पास उसके अब

बस इस तरह ही

धीरे-धीरे ज़ल जाऊंगा

थाम लो

अब अपनी डोर से

रोक लो की अब

और न बह पाउँगा

की अब तेरे दर पे ही रह जाऊंगा ;

सुनो न तुम

बन चुके हो अब मेरे

अब मुझे भी अपना लो न

तुम्हारी उंगलियों की उलझने

अब सुलझा लो

के वक़्त के हाथों

बुना है अपना मिलना

अब वक़्त को इसी तरह रोक लो;

तलाश में;

तलाश में;

धीमी मध्यम आंच में

पकता है वोह

भाग-भाग थक अब

किसी का रास्ता तकता है वोह

देखो न

कितना अजीब है

बिन रास्तों की मंज़िल

और यह पहला राहगीर थकता नहीं

गिर-गिर झरनों सा

ऊपर जाता है

वक़्त के विपरीत भागता है

पीछे रह गया है भीड़ से

देखो अकेला बावला चलता है,

कई रास्ते देख

भटकता है इंसान

पर यह बिन रास्तों के चलता है

उगते सूरज की ओर देखती है दुनिया

यह ढलती रौशनी ताकता है

पत्थरों से दोस्ती

और पानी का आईना

इसे ले जाती है

जहाँ कभी किसी जमाने में

उसकी बस्ती थी

जहाँ मुस्कुराने की वजह

बसती थी ||

भटकता-भटकता

कभी अगर पहुंचे तुम तक

उसे बता देना

की मैं पहले भी यहाँ आ चूका हूँ

किसी और स्पेस-टाइम में

किसी और रूप में

किसी और वजह से

भागता उनसे दूर

अकेलेपन की तलाश में

तन्हाइयों से दूर

जहाँ चैन की सांस होगी

और फिरसे उस कदमो की आस होगी ||

क्या देखता हूँ

सदियों का सफ़र ले कर

आँखों में, मैं उस पुराने चाँद को देखता हूँ

थक गया हूँ

पेड़ की छाओं देखता हूँ

इस बेबसी से दूर निकलती एक राह

देखता हूँ,

शब्दों में खोये एहसास देखता हूँ

दूर जो गयी रौशनी

अब उसकी परछाई देखता हूँ,

आग के किनारे बैठ

फिर यादों की बरात देखता हूँ

तब नहीं छोड़ा था तुझे अकेले

ख़ुद अब बुझी राख देखता हूँ,

दफ़ा हो गए

सारे अब अगले दुःख की राह देखता हूँ,

एक साथ था वह भी गया

अब मौत का साथ देखता हूँ

पहली बार नहीं हुआ ऐसा

मीर तेरी बातों की तासिर देखता हूँ,

दूर खड़ा, तेरी बातों की राह देखता हूँ

आईने में भी अब ख़ुद को बर्बाद देखता हूँ

समंदर के पास खड़ा मैं

लहरों की राह देखता हूँ

उड़ते परिंदो को जाते उस पार देखता हूँ,

सपनों में पड़ती दरार देखता हूँ

उसमे वक़्त की ऐंठ देखता हूँ

ख़ुद को एक हार देखता हूँ

बिना लड़े लाशें हज़ार देखता हूँ

बीते वक़्त की कब्र से

चीख़ती यादों को हर रात देखता हूँ,

ज़िंदगी से मौत देखता हूँ

और जब कुछ न देखूं

बंद आँखों से तू देखता हूँ;

अँधेरा और परछाई

बिखरी जुल्फ़े

एक शामियाना है

घने गहरे जंगलो के बिच

दो बल्ब जल रहे है

एक अंदर एक बाहर

अजीब सी खामोशी है

जैसे रात और सुबह का मिलन हो

अब दोनों एक दूसरे में मिलने ही वाले है

दूर कहीं पेड़ो के ऊपर

निशाचर बैठे है ताक में

कोई शिकार मिल जाये

अंदर ऊपर पहाड़ी से एक झरना गिरता है

उसके चट्टान से टकराने पर

अजीब सी झनझनाहट होती है

जैसे किसी ने थप्पड़ जड़ दिया हो

जंगल के पत्ते हिल तोह रहे है

पर उसकी आवाज़ गुम है

दो प्रेमी जोड़े

आपस में आलिंगन किये

एक दूसरे को निहार रहे है

जैसे उनकी आखिरी रात हो

जैसे अब कभी मिलना न हो

ऐसे में एक एक पल भारी लगता है

जुगनू पेड़ो के ऊपर है

उनको देख मन में अजीब सी ख्वाहिस पनपती है

कितने आज़ाद है सब

यह आज़ादी कितनी मूल्यवान है

न कोई मुजरिम है न कोई मुवक्क़िल

सब बेगुनाह है और सब क़ातिल

किसी का स्पर्श ही

पर्याप्त है

जो है बस अभी है

यहाँ कोई भविष्य नहीं

न कोई कल

जो है बस इस पल में है

हाथों में हाथ है

लबों पे लब

आँखों में तुम्हारा तवस्सुर

अजीब खेल है

तुम जो आज हो

कल न थी न कल होंगी

यह जो गरमाहट है

तुम्हारी साँसों की

उसे कोई कैसे भूल पायेगा

जो तुम्हारा नरम स्पर्श है

उसे दिल कैसे भुलायेगा

बोल दो ना

की तुम मेरी हो

आज, कल और हमेसा

पर मैं जानता हूँ

ऐसा मुमकिन नहीं है

पाबन्दी है, सब बंदी है

इस आज़ाद जेल में

सब कैदी है इन रिवाज़ो के

जिश्मानी खलुस

हमारे एक हो जाने की दास्तान

फिर से एक दूसरे में गूथ जाने की चाहत

कब खत्म होगी?

कभी नहीं

हम एक ही है

इस अँधेरे और परछाई की तरह
एक दूसरे में शामिल है,

द्वंद

आतंरिक द्वंद्व

भावना और चेतना की जद्दोज़हद

दिमाग़ी सिराओ को फाड़ती

भावनाये हावी है

चेतना पिछले दरवाज़े से झांकती

जब चेतना के बस में हूँ

तब एकाएक भावनाये

किसी तरंग की तरह

मेरी सतहों को झकझोरती

जैसे कोई कलाबाज़

अपनी मोटरगाड़ी से

मौत के कुएँ में अंधाधुन

चक्कर काटता है

इतनी तीव्र गति से घूमती मेरी सोच

ख़ुद में सोच न रह पाती है

वह महज़ एक लगातार चलने वाला काल बन जाती है

जिसे कोई फर्क नहीं पड़ता

जो बंधा है इस गति में

अगर उसे गिरना नहीं है तोह फिर

इसी तरह अंधाधुन बिना किसी वज़ह के

बस गोल-गोल घूमना होना

जैसे कुछ खोजने का नाटक

जैसे कुछ करने का भ्रम

पर दरअसल में वह यह सोचना भी नहीं चाहता

की उसका जीवन अर्थहीन है

महज़ एक धोका

कोई मुक्तिमार्ग नहीं है,

इस द्वंद्व में

मैं दो जीवन जी हूँ

एक स्वयं और दूसरा मेरा स्वयं

पहला दूसरे की तरह होना चाहता है

पर दूसरा पहले की गलतियों पर जीवित है

उसका अस्तित्व ही पहले से है

जो अगर पहला न हो तोह

दूसरा भी न होगा

मैं स्वयं का आलोचक हूँ

हाँ, पथभ्रष्ट भी हूँ

अपनी इन्द्रियों के बस में भी हूँ

पर फिर ख़ुद से घृणा भी है

मैं अपनी नज़र में गिरता भी हूँ

कभी अपना नायक भी हूँ

पर खलनायक भी हूँ

मैं दो अलग-अलग

पथ पर चलता एक अकेला इंसान हूँ

अँधेरे से डरता भी हूँ

पर चाहता हूँ रौशनी को कम करना

ताकि पेड़ो के ऊपर झूमते-घूमते जुगनुओं को देखूं

मैं आत्मनिरक्षक भी हूँ

सोच समझ के मुझे चलना नहीं आता

मैं ज़्यादातर भावनाओं के बस में हूँ

मेरी चेतना का प्रकाश

काफ़ी उज्जवल है

पर मुझे उसकी रौशनी भी चुभती है

ख़ुद पर नाज़ भी करना चाहता हूँ

पर खोज़ने पर कोई वजह नहीं मिलती

संबंधो को समझना नहीं सीखा मैंने

मैं मौन हूँ या फिर मेरे अश्रु मेरी वाणी है

क्रोध का भय है मुझे

क्युकी मुझे क्रोध से नफ़रत भी है

क्रोध मुझे अज्ञानता पे नहीं आता

बल्कि अत्याचार, असमानता, भेदभाव

जैसी बातों से क्रोधित हूँ

मेरे अंदर एक द्वन्द है

दो अलग-अलग किनारे है

और मैं वह बहती नदी हूँ

जो इन दो किनारों को छूती निकलती है

मेरा सम्बन्ध दोनों से है भी और नहीं भी

मेरी तलाश न खत्म होने वाली है

क्युकी मुझे इसका ज्ञान नहीं

मैं खोज क्या रहा हूँ,

मुझे टार्टिनि की वायलिन पसंद है

मुलाकात अक्सर मृत लोगों से है

जीवित व्यक्ति मुझे बदलता नज़र आता है

उसपे मुझे यकीन नहीं है

मरा हुआ ही मेरी पसंद है

क्युकी मैं उसे जान सकता हूँ

अवधारणा बना सकता हूँ

बिना आग्रह किये सीख सकता हूँ,

मुझे साँझ के लेख़क पसंद है

जो उजालो में अंधकार ढूंढ लेते है

काफ़्का का पिङ्गकपिशा

सादिक़ का अँधा उल्लू

या फिर मुक्तिबोध का ओराँगउटाँग

यह सब एक ही है

जैसे वह ब्रह्मराक्षस

या अँधेरे कुएँ में चमगादड़ो का झुंड

जो स्वयं भयभीत है

इन इंसानों से,

जो इस दुनियाँ में मर्म को जानते है

समझते है, उन्हें भ्रम नहीं होता

न ही इस अंधकार से डरते है

उनकी लड़ाई इस झाँसे से है

जो प्रकाश का रूप लिए

लोगों को भ्रमित करता है,

उन्हें सब एक जैसे दिखते है

इस चमड़ी के अंदर का तंत्र

और उनके अंदर फिट मशीन

जो उन्हें मार्ग दिखाता है

जो उनसे सारे कृत्य करवाता है

जो झूठे प्रलोभन देता है

जो सत्य की हत्या करवाता है

जो इंसानों से नफरत करता है

उसे सिर्फ मशीन पसंद है

जो जितना खा सके या ख़रीद सके

उसे उपभोक्ता चाहिए

जो बस ख़ुद भी मशीन हो और चाहते भी मशीन हो

उन्हें इंसानी चेतना, भावना से गुरेज़ है,

उसे स्त्री भी बाज़ार में बिकने वाली वस्तु लगती है

वह उसे बेचना चाहता है

कोठे पे बिठा कर

दाम तय करके बिकती

जो न बिक़े उसे यह कुचलना चाहता है

उसे यह धारदार दांतो काटना चाहता है

उसे अपनी पीड़ा निकालनी है

जिसे वह नहीं समझता है

उसे कमज़ोर दिखने, लगनी वाली स्त्री

ही अपनी समस्या का समाधान लगती है

वह चाहता है दिनों-रात

बस किसी न किसी तरह

उस कोठे पे जाये

फिर नशे में किसी स्त्री को लताड़े

अपनी भड़ास निकाले

उसे प्रेम नहीं पसंद

क्युकी प्रेम में समानता है, बराबरी है

उसे दासी चाहिए

जिसे वह अपनी सिगरेट से दाग सके

और फिर उसे नोच कर

तड़पता छोड़ जाये

ताकि फिर कोई आये

और अपनी मर्दानगी दिखाए,

उसकी भूक जिस्मानी तोह है

मगर यह भूक जानवरों से भिन्न है

इस भूक से कुलबुलाता वह

स्त्री को क्षित-विक्षित कर देना चाहता है

वह लात-घूसों की मार से

उसकी चीख़ सुनना चाहता है

उसकी बेबसी इसे अपने होने का एहसास कराती है,

समाज़ ख़ामोशी से सब देखता है

मेरा द्वंद मुझे खा रहा है

आतंरिक और बाहरी तूफ़ान

मुझे घेरे है

मुझे इनकी मानसिक बीमारी दिखती है

यह सब रोगी है

बोहोत ही ज्यादा

इन्हे इलाज चाहिए

मगर समाज सच से दूर है

हकीकत से इसका वास्ता नहीं है

इसके लिए सब ठीक है

यह बीमार को स्वस्थ कहता है

और हमे बौड़म,

उपभोग की लत लिए

यह सभी मानसिक रोगी

समाज़ के प्रतिष्ठित लोगों में शामिल है

इनकी असलियत सभी को मालूम है

पर अजीब सी ख़ामोशी है

कोई कुछ नहीं बोलना चाहता

सबने इसे स्वीकृति दे दी है

जैसे द्रोपती का चीर-हरण

सभी जो उस सभा में खामोश थे

दोषी थे, उतने ही जितना दुर्योधन और दुःशासन

आज हर एक महिला द्रोपती है

और न जाने कितने दुःशासन

उन्हें नग्न करना चाहते है,

मेरे अंदर का विष

जो अनेकों घटनाओ को

अपने में समेटे ज़हरीला हो गया है

वह अंदर ही अंदर

मुझे गला रहा है

मेरे अंग गल रहे है

मुझे असहीनय पीड़ा है

मेरा द्वंद मुझे मारे डालता है

रोज़ एक नया घूंट

रोज़ एक नयी घटना

मैं भागना चाहता हूँ

मैं भी निष्ठुर होना चाहता हूँ

जैसे सब बने बैठे है धृतराष्ट्र,

वह मोह में अँधा था

यह सब उपभोग करने की लालसा में है

शाररिक सुख चरमसीमा प्राप्त करना चाहते है,

इन शब्दो को विषबुझे बाण समझो

इसका आघात सहो

और हो सके तोह हक़ीक़त को देखो

और लौटो इंसानियत की तरफ

मत बनो इतने नीरस

जानवर से मनुष्य बने
अब मनुष्य से मशीन मत बनो;

तस्वीर

आख़िरी तस्वीर

जो उस साँझ की है
जब सूरज उदासी में
गुलाबी चादर ओढ़
अँधेरे की आगोश में खो रहा था,

उस पुराने टीले पे
बैठे ऐसा लग रहा था
जैसे सदियों पहले भी
मैं वहाँ ही था
किसी की जुदाई में
बैठ उसी तरह साँझ
के शून्य को देख रहा था,

वक़्त जैसे वक्राकार घूम
उसी टीले पे आ पहुंचा था
वहाँ दफ़्न है कई राज़,
पर निचे तालाब में

बन रही परछाइयाँ
आकाश, धरती के मिलन की गवाह,

उकेरती अनेको झुर्रिया
उड़ रहे है पंछियो के जोड़े अनेक,
वहाँ बैठ अजीब सी बैचैनी थी
जैसे कुछ छूट रहा है
कुछ ख़ुद से अलग सा हो रहा है
कुछ उदासियों के पीछे की हँसी
और उस मुस्कान के पीछे का गम
दोनों अपनी अवस्थाये छुपाते
उस टीले की तरह
किसी कब्र पर खड़े थे,

पास में ही गिलहरियों का खेल
एक पेड़ पे बैठा
अकेला पंछी
एक थका सा चौकीदार
कुछ नौजवान जोड़े
और कुछ समय के मारे कलाकार
धुओं के छल्लो में
फ़िक्र को उड़ाने का ढोंग
तस्वीर लेते कुछ लोग
सब कुछ समान्य था
कुछ ज्यादा ही!

सबने झूट ओढ़ रखा था
आंतरिक कोलाहल
उनकी आँखों के गड्ढो
में जमा कुछ नमी से पता चल रहा था,

दो छोटे बच्चे
कोल्ड-ड्रिंक्स और चिप्स बेच रहे थे
एक से तोह मेरी
अच्छी पहचान थी
उसे मै नशे में
पैसे दे दिया करता था
पर था ईमानदार
बिना चिप्स दिए युहीं पैसे नहीं लेता था
आज वोह नहीं आया है
लगता है उसे भी खबर है
की यह मेरा अंतिम बार है,

सोनिया भी नहीं है
किन्नर है
जोड़ो को आशीर्वाद दे
पैसे ले जाती
उसने भी अपनी कहानी कही थी
कोई प्रेमी था उसका भी
वही दर्द
उसकी आँखों में भी था

जो आज मेरी है,

रामलाल भी नहीं है
वहाँ सफाई किया करता था
एक बार मेरे साथ
ठंड के मौसम में
ओल्ड मॉन्क के मज़े उसने भी लिए थे
एक बार फिर मुझे मेट्रो में दिखा था
पर शायद उसने मेरी तरफ देखा ही नहीं
जैसे मुझे भूल गया हो,

वक़्त काफ़ी हो चला है
मुझे जाना होगा
पर मुझे ऑटो से नहीं जाना
पैदल ही सही होगा,

उन गलियों को आख़िरी दफ़ा
देख लेना चाहता हूँ
जो बाहर से जीवंत
और भीतर से मरे हुए है
जहाँ पैसों से सब मिलता है
क्या नहीं मिलता?
शायद वह बेफ़िक्री
या चिलचिलाती धुप में सुकून,

फिर से मेट्रो गेट नंबर दो के पास

उसी रेस्ट्रोरेंट में
जा कर महंगी ड्रिंक्स पिने
का अब मन न हो मेरा
सब कुछ आख़िरी दफा है,

फिर उन धागों का क्या होगा
जो पीर बाबा के यहाँ बांध आया था
उसे खोलने जायेगा?
शायद नहीं
जो माँगा था
वह मिल चूका है
जो न माँगा उसकी तमन्ना नहीं है
जो न कर सका
उसका अफ़सोस है
बोहोत है
जो न रोक सका
उसका दर्द भी है
शायद नासूर ज़ख़्म है
जो न भरे
अब सच हो या झूट
जहर का घूंट
अपना असर तोह दिखाता ही है
उन चीखों को मैंने नहीं सुना
पर उनकी आवाज़
मुझे सोने नहीं देती है

ऐसा लगता है
सब कुछ हार गया हूँ,

मंदिर, मस्जिद या गुरूद्वारे
सबकी ख़ाख़ छानने के बाद
अब कहीं जाऊँ भी तोह क्यों?
सब कुछ मिल तोह गया
जो चाहा था
जो न चाहा उसके लिए
किसी और को क्यों दोष दूँ,
अंदर दो सौ का स्वेटर है
लेकिन ऊपर दो हज़ार का कोट
लोगों को दिखाने को
बदल-बदल के पहनने को कपड़े नहीं थे
पर जो थे उनसे काम न बनता
इसीलिए दिखाने को कुछ लेना पड़ा,

हज़ारो लाखो की बस्ती में
यहाँ कोई यूँ तोह अकेला नहीं है
पर फिर भी
रोड़ पे चलते वक्त
इंसान मरता अकेले ही है
या फिर किसी ऊँची मंज़िल से
कूद कर मरने वाले भी अकेले होते है
फांसी का फंदा बनाने वाले हाथ

भी कितने अकेले होते होंगे,

यहाँ इंसान तब ही ठहरता है
जब उसकी मौत हो जाती है
नहीं तोह बस चलता जाता है
कभी अंधेरो में
तोह कभी उजालों में,

पास में भी मंदिर है
पर आरती में भीड़ कम होती है
दूसरी तरफ़ ठेका है
उधर लोगो की बोहोत भीड़ होती है
अच्छे से लेकर बुरा
हर कोई एक ही लाइन में
कोई भेदभाव नहीं,

अजीब सा शहर है
पर हैं कमाल
बड़े-बड़े मकान है
पर कमरे छोटे है
जैसे किसी पुरानी जेल की कोठरी
फर्क बस रोशनदान का है
एक में कानून का कैदी है
तोह दूसरे में इंसान का,

मैंने तोह इस भीड़ में भी

हज़ारो चेहरों में
तुमको खोज़ा है
दिल ने कई बार
धोका भी दिया है
तुमसा कोई था
और इसने रुकने का नाटक किया है,

बाइनरी विशेषाधिकार

बैठा आज फिर

उसी किनारे जहाँ

अकेले होते है ख्याल सारे मेरे

फिर क्यों सोचू?

जो सब सोचते है

जानता हूँ इस मृगतृष्णा को

हक़ीक़त की ज़मीन

पे खड़ा मैं, क्यों उड़ूँ भ्रम में

जानता हूँ कैसे, लोग चलते है

यह रास्ते कहाँ जाते है?

सब जानते है?

बाइनरी सोच!

एक ऊपर, एक निचे

जिंदगी को तवज्जू

मौत से पर्दा

अंधकार को अनुपस्थित कर

उजाले की उपस्थिति है

शब्दो के मायाजाल है

हम समय में नहीं चलते

हम खुद समय है

जो की घड़ी की तरह

लीनियर नहीं है

समय की चाल नॉनलीनियर है

अभी बीते कल की बात है

अभी ही आने वाले कल सुगबुगाहट होगी

सत्य अनेक है सबका अपना एक है

हम अपनी दुनिया के रचनाकार है

लेकिन हम शर्मिंदा है

की हम इसे कण्ट्रोल नहीं करते

आँखे बंद कर लेते है

अगर कुछ नहीं देखना होता है,

कुछ खोज रहा हूँ

न जाने क्या?

आसान नहीं है

क्युकी मंज़िल नहीं है

मगर पता है कि क्या नहीं चाहिए

किसके पीछे नहीं जाना,

मुश्किल है

लेकिन जरुरी है

मेरे अस्तित्व के लिए

मेरा होना क्यों है, नहीं पता

पर आगे मौत है, पता है!

इससे डरता नहीं

नहीं ही बचना चाहता

जब एक मात्र निश्चितता यही है

बाकि सब अनिश्चित ही तोह है

आज जाऊ या सालो बाद

क्या ही फर्क है?

जब तक हूँ

खोज में हूँ, खुद की भी

और सच की भी

पता है जिंदगी से दूर ले जाता है सच

मगर फिर भी

बेचैनी है, अब रुकना संभव नहीं होगा

सफलता कहो या असफलता

जो है वह तोह है

जो अंदर है वह तोह है ही

क्यों खुद को प्रदर्शित करू

कोई वस्तु तोह नहीं

फिर क्यों खुद की कीमत तय करूँ

आखिरी ही सही

मगर स्वतंत्र ही रहूंगा

जो पाना है मुझे मेरे पास है

डिजायर मेरे अब भीतर ही है

बस उनकी तलाश हो रही है

कुछ निकल जाये ऐसा

जो बस मुझे स्वतंत्र कर दे इस अंतर्द्वंद से

एक कहानी, कविता

या कोई विचार बस

इतनी सी ही खोज़ है

भाव अपने डाल बस भावहीन हो जाऊ

गतिशील न रहूं

बस फिर स्थिर हो जाऊ

एक बार बस

कोई जाल बुन लूँ

जाल ऐसा की फिर उसी में फस जाऊ

शरीर खत्म हो भी जाये

मेरी अस्थियाँ रह जाएँ,

मुक्ति का मार्ग

मेरे यही है

किसी और से नहीं, इस दुनिया से नहीं

बल्कि इस दुनिया में ही मुक्त हो जाऊ

भ्रम सारे खत्म कर

सत्य हो जाऊ

मेरे शब्दो पे यक़ीन न भी हो

पर भावों को पकड़े रखना

आग में जलते भी रहना

पर नज़रे शांत समंदर पे रखना

हल-चल हो

फिर भी मौत का यक़ीन करना

जो हो, उसे खोजना

जो न हो, वोह मत बनना

जिंदगी और मौत

अँधेरा और प्रकाश

सब को एक ही समझना

जो है नज़र में

उसे देखना

पर जो नहीं है

उसका भी ख्याल रखना;

एंटी बाइनरी

बाइनरी डिस्टिंक्शन

अँधेरा-उजाला

एक अच्छा दूसरा बुरा?

तुम कहो अपनी

सबकी बातें न करो

तुम्हारी अवधारणा तुम रखो

हम तोह पूछेंगे

दायाँ और बायाँ दोनों एक से?

ऊपर निचे, ऐसा कुछ होता ही नहीं?

जीत की कहानी पढ़ने वालो

हारने वाले कभी लिखते नहीं

सोच के देखो

दूसरे तरफ की

कहीं तुम्हारा हीरो विलेन तोह नहीं

अंधेरे से दूर जाती रौशनी

अँधेरे को सुकून दिलाती

अँधेरे को भी नहीं पसंद तुम्हारे उजाले

आँखों को चुभते है

सिमट सी जाती है अँधेरे की पहुंच

एक चॉइस दूसरे से अच्छी कैसे

सब कुछ तोह एक सा था

फिर तुम आये

एक को अच्छा और दूसरे को बुरा बता दिया

अपनी पसंद को पास रख

नापसंद को दूर भगा दिया

मैं नहीं मानता इंसानो की बनाई चॉइसेस

मैं एंटी बाइनरी हूँ

मैं एंटी हीरो

मैं एंटी उजाला

अँधेरे को पसंद करने वाला

उसके दर्द की कहानी कहने वाला हूँ;

द्वंद्वक मृगतृष्णा

नदी की दूसरी तरफ

जहाँ तुम रोज़ आते हो

तूफ़ान के बाद कुछ हो न हो तुम होते हो

दूसरी तरफ, किसका इंतज़ार करते हो?

किसे देखते हो, कौन है यहाँ

मैं ही तोह हूँ

या फिर मेरा गुजरा वक़्त देखते हो

क्या खोज़ते हो उनमें? ख़ुद को

या फिर मुझे?

खो कर भी

दो किनारे बैठे है

अलग है पर फिर भी साथ बैठे है,

जा सकते है

उस पार, बेशक़, जानें क्यों डरते है?

डरते नहीं है, जानते है!

यक़ीन नहीं है, क्या पता वह मिराज़ है

जो तुमसा है, जैसे प्यासे को पानी

फिर यहीं बैठना ठीक है

तुम्हे देख तोह सकते है

छूना न भी सके तोह,

रात जब चाँदनी होती है

तुम्हारे कपड़ो से आने वाली रौशनी ही तोह है

एक चाँद, एक चाहत, एक मिराज़

रात में मैं बन चकोर

तुम्हें देखता हूँ

यह नदी का पानी नहीं

मेरी विरह वेदना बहती है

छू लूँ इस रौशनी को

जैसे तुम्हारा साथ

बैठा इस तरफ़ शायद ख़ुद को ही देखता हूँ

तुम कोई और नहीं

मैं ही तोह हो

इस वेदना का प्रतिरूप ही तोह है

मेरी स्मृति में

जो तस्वीर है

वही तोह है, जो मेरी ख़ुद की है,

कल जब तुम न दिखोगे

तोह मैं ख़ुद न होऊंगा

जब मैं ही नहीं तोह

कैसी वेदना, स्मृति

सब ख़त्म होगा

जब तुम न होगे, मैं भी न होऊंगा

फिर कोई मिराज़ न होगा

न कोई चाँदनी, चाँद और चकोर

क्या तुम वाकई हो?

या बस मेरी स्मृति है

या सिर्फ़ मेरा वेहम है

तुम सिर्फ़ मुझे ही दिखती हो

और कोई मुझे जान भी कैसे सकता है

मैं दो किनारों पे ख़ुद ही बैठा हूँ

मै ही तुम हो

और तुम ही मै हो

जैसे कोई क्वांटम पार्टिकल

जो यहाँ भी है

और वहाँ भी है

पर कहाँ है?

यह नहीं पता

दो रास्तों पे चलता

मैं एक ही हूँ

तुम,मैं, चाँद, चाँदनी और चकोर सब एक ही है;

मौत को पूर्ण समर्पण;

दो रास्ते

दोयम दर्ज़ा या अव्वल हो

देखूँ आज़ादी

या फ़ना कर दूँ आवाजे

जो अंदर से आती है

रुक-रुक कर

जब रातों में ठंडी हवा

खिड़की से, मेरे माथे पे पसीने

को पी जाती है

मुझे एहसास कराती है

कड़ी धुप का भी ज़वाब है

अंदर के द्वन्द

हाँ और ना के जवाब

उठ जाऊ या सोता रहूं

कुछ पा लूँ या सब खोता रहूं

अभी कैसे मान लूँ

कैसे सब जान लूँ

क्यों यह बोझ में दबा सा हूँ

एक पहाड़ के निचे जैसे फसा सा हूँ

दम सा घुटता है

साँसे कैसे लूँ

अब कैसे मान लूँ

जो सच नहीं

जो जान चूका हूँ

उसे कैसे भूला दूँ

कौन समझेगा ऐसी विडम्बना

पियानो की धुन

जैसे घुल गयी है

मेरे कानों में

इसे कैसे अनसुना कर दूँ

चीखें-पुकार जो सुनता हूँ

चीथड़े जो उड़े हुए है

उसके तन के

उसे ढकूँ या सच बयाँ कर आऊं

जो मंज़र चलता है

उसे कैसे न कहूँ

जुबान काट दूँ

फिर भी हाथ का क्या करूं

इस जिस्मानी रूह का क्या करूं

जो बगावत करती है

जो मुझे धिक्कारती है

उसे कैसे खुश करूं

इसे क्या चाहिए

दो वक्त की रोटी?

और शब्दो में बुने अफ़साने

जो कुछ सच और कुछ दिमागी उपज

कुछ रोज मर्रा की बातें

तोह कुछ अँधेरे में

होती अनदेखी, अनकही बातें,

न जाने कब से

ऐसे ख्याल बुनता आया हूँ

कुछ बचपन के किस्से है

जिसे आज भी ताज़ा पाता हूँ

कमलगट्टों का स्वाद

और वह 'पटवा'

हमारा वफ़ादार,

एक बड़ा सा मैदान

एक कोने में एक कुआँ

जो बरसात में भर जाता

ठीक दूसरी तरफ एक बैंक

बगल में स्कूल और पास में उसके अस्पताल

जहाँ आये दिन भालू के घायल किये

पड़े कहराते लोग मिलते थे

किसी की नाक खा जाता

तोह किसी की बाँह का मांस

ठंड ऐसी की मानो

हड्डियां तक गला दे

फिर रजाई की भार से सांस न आये

वैसे में डबल-निमोनिया

सांस आये भी तोह कैसे आये,

एक बार एक पंछी मिला

घायल था किसे ने मारा था उसे

शायद पत्थर-गुलेल से

उसे देख मेरे प्राण सुख गए

उसकी फड़फड़ाहट मुझे आज भी याद है

जैसे कह रहा था

मुझे बचा लो

वह मुझे पकड़ के खा जायेगा,

एक बार एक गिरगिट

को मार दिया पत्थर

उसकी जो हालत हुई तोह हुई

वहाँ खड़ा मै लगा ज़ोर से रोने

जैसे न जाने कौन सा पाप कर दिया

खुद को कोसने लगा

लोगो से मिन्नते करता

इसे बचा लो

यह मर जायेगा

फिर इसकी आत्मा मुझे

मार डालेगी

कई रात मैं सो न पाया

ऐसे डरावने सपने

कुत्तो की आवाजें

सुन उठ जाता

भय से मेरा हाल बेहाल हो जाता,

लोग कहते थे

उस घर में आत्मा है

वहाँ एक औरत मरी थी

शायद आत्महत्या की थी उसने

था तोह वह घर मनहूस

चिल्लाने की आवाजे

रोने धोने की आवाजें

वहाँ से बराबर आती थी

आज भी वह आवाज़ साथ है

अज़ीब विडंबना है

ऐसी आवाजें क्यों सुनाई देती है

जबकि ऐसा कुछ होता नहीं

पर जैसे कोई लड़ रहा है

असहज़ कर जाती है ऐसी आवाजें,

जब नदी में पानी बोहोत था

बरसात के बाद

वहाँ जाना खतरा ही था

पीला पानी

तरह, तरह के कचरे लिए

न जाना इतनी तीव्र गति से

किधर को जाता था

ऐसे में नदी के बीचो-बिच

उतर कर फिर

नहाने की चेष्टा करता

जान की बाजी लगाना था

हाँ, ऐसा मौत का मंजर

जब इंसान बचने की उम्मीदे छोड़ देता है

उसे मरना ज्यादा सहज मालूम पड़ता है

हाथ पैर अब शिथिल है

सूरज धुंधला मालूम पड़ता है

जैसे मौत ने उसे घेर लिया हो

पर अब कोई आवाज़ नहीं है

सब शांत है

किसी के चिल्लाने का शोर नहीं

एक सुकून है

इस मौत का आलिंगन

अजीब सी खामोशी से भरा हुआ है

जैसे मानों सब है

लेकिन अब कुछ नहीं चाहिए

कुछ न होने का गम नहीं

बल्कि एक हल्कापन है,

शरीर पूरा डूबा हुआ है

बीचो-बिच

पानी ऊपर भी है

निचे भी

जैसे मानों

हवा में लटका हो

जैसे कोई आत्मा हो

हाँ, शायद वही

उसी घर की मनहूस आत्मा

जिसने आत्महत्या कर ली थी

वैसा ही अंधकार है

पर भय नहीं है

न कोई फड़फड़ाहट है

उस पंछी या गिरगिट की तरह

न ही कोई गिड़गिड़ा रहा है

न कोई बचाने को है

न ही कोई बचना चाहता है

पूर्ण शांति, पूर्ण अंधकार

पूर्ण समर्पण मौत को;

वहशियत की बीमारी

ऐसी वहशियत

कौन सा जानवर है

जो नोच खाने को कुलबुला उठा है

कौन सी आग है

जिसे बुझा नहीं पा रहा

मांस की बोटियाँ

काट खाने को, लकड़बग्घे की तरह

जिन्दा चबाने को

कैसी मनःस्तिथि है

कैसी मानसिकता है

इंसान है या बस हैवानियत है,

कैसा नशा है

जो रौंद रहा है

जो चीड़-फाड़ रहा है

दांत जिसके आतुर है

आँखे जो हवस में डूबी है

हाथ जो नोचने को तैयार है

पैर जो कुचलने को उठे है

व्यक्तिगत मानसिक बीमारी है

या पूरा समाज, देश बीमार है

जहाँ हर दिन जिन्दा दफनाने का खेल हो रहा है

जहाँ रोज़ कोई इन जानवरों का शिकार हो रहा है,

उसकी आँखे नोच डाली

उसकी जीभ काट डाली

उसकी आँखों में शायद ख़ुद को देख लिया हो

उसकी ज़ुबान से हैवानियत की दास्तान सुन ली हो

उसे नोच कर मारा है

या मार कर नोचा

कैसी मौत है यह?

खूब कानून बने

खूब कोर्ट कचहरी हुई

खूब पेशी लगी

खूब अखबारों में अनकही सुनी

फांसी की मांग आयी

कई ने जिन्दा जलाने का फरमान दे डाला

सरे बाज़ार लटका डाला

फिर तारीख़ बढ़ती गयी

और जानवर शरीर बदलता गया

फिर किसी मासूम को नोचा

फिर किसी को खत्म कर डाला

कौन रोकेगा इसे

सोया समाज?

यहाँ तोह निगाहो से ही

इज़्ज़त लूट लेते है

कपड़ो में उभरे हिस्सों को चूस लेते है

कैसा बीमार, कमज़ोर, नपुंसक है

यह सभ्य समाज?

जहाँ स्त्री मात्र भोग की वस्तु है

उसकी कीमत ही नहीं

ख़ैर हो भी तोह काफ़ी सस्ती है,

अधेड़ उम्र का बूढ़ा आदमी

कच्ची कलिया खोजता है

गिद्ध की तरह

उसके जिस्म को नोचता है

हाथ न लगा पाए तोह

जुबान से चाट लेता है

दूर से ही निगाहो से उसकी उभरे

अंग की गहराई माप लेता है,

यह समाज उसे

कोठे पे बैठाना चाहता है

जहाँ उसकी ख़ुद की कोई आवाज़ नहीं

जहां नशे में धुत्त

अच्छे इज़्ज़तदार, सभ्य

चोरी-छुपे नहीं सीना तान

आ जा सके

या फिर अपनी मोटर गाड़ी में

बिठा जवानी की सैर कर सके

एक स्त्री की यही इज़्ज़त है

हर एक मर्द उसे नोचना चाहता है

फिर कुछ झूठे वादें करते है

और बाकि सीधा हमला

कुछ फुसला के काटते है

कुछ खरीद के

करते सब वही है

चाहते सब वही है

जो पूरा बीमार समाज चाहता है

हर स्त्री को नग्न करना

उसके उभरे हिस्से को

अपने दांतो से काटना

जैसे कोई जानवर

जैसे कोई निशाचर;

तू जिन्दा है!!

कुछ ख़ुश थे

जान बचा कर

कुछ मर के भी ज़िंदा रहे

वतन की फिज़ाओ में,

चंद रुपयों में ईमान बेचा

भूक लगी तोह सारा सामान बेचा

कुछ भूके ही रह गए

कल की आज़ादी से आज पेट भर गए,

कुछ झुक कर सलाम करने लगे

तख़्त ताज़ वही रहे बादशाह बदले

कुछ खड़े रहे तूफ़ान में भी

कुछ ख़ाली हवाओं में भी उड़ निकले,

जो लड़ गया

अपने लब खोल गया

अपनी ज़ेब फाड़

वतन-परस्ती हवाओं में घोल गया

उसे बौड़म मान लिया,

जो डर गया

जेब अपने भर गया

ईमान की बोली

सरे बाज़ार कर गया

उसे तुमने बुद्धिमान मान लिया,

मौत तोह आनी ही है

उससे क्यों डरे

ख़ौफ़ फिर लाठी का क्यों करे

ख़ून तोह फिर बन जायेगा रगों में

इसे बचा कर सर क्यों निचा करे,

के बोल अब

लब को ज़रा खोल अब

किनसे डरता है

एक बार ही तोह मरेगा

फिर क्यों बार-बार इतना सोचता है,

कौन सी ताकतें है

कौन है तेरे सामने

आँखे खोल और घूर जरा

बता दे तू कौन है

तेरी क्या नीयत है

तेरी आरज़ू, हसरत क्या है

डर तोह उन्हें भी है

की कही जाग न जाये

इसीलिए सुला दिया है सबको

रात बोल के

कहीं आसमान में सूरज दिख न जाये,

एक दफ़ा जी ले

एक दफ़ा मरने को

जो मुर्दा है वह क्या मरेंगे

तू ज़िन्दा है

तू क्यों न मरे

तू चुप क्यों हो

तू खमोशी से क्यों देखे

यह बर्बादी का आलम

'जीत' सांसे गिनती की है

एक-एक गिनती में आग जगा

ख़ुद भी जल

और इन सबको भी जला ।।

निराशामयी रात्रि

घोर अंधकार, निराशामयी रात्रि

अट्टालिका पर बैठी

एक गुज़रती साँसे

मानसिक पीड़ा का पहाड़,

उस पार जाती

देखती दुनिया नहीं रूकती

चलते लोग, गाड़िया, दिन और रात

पर वोह बैठी

पैर रुके है उसके

थिरकना चाहती है

पर उसे ध्वनि नहीं सुनाई पड़ती

आती है तोह बस झुंझलाती आवाजे

आंतरिक तांडव

जैसे कोई द्वंद

अंदर बैठा कोई दानव

चीर-फाड़ करता है दिमाग़ी नशों की,

हृदय की गति अब मंद है

उमंग को भूले वर्षों बीत गए

जैसे कोई गुलाम हो

पर उसका मालिक कौन है?

उसे इसकी भी खबर नहीं

वह कैद है इसका पता है

पर उसे दीवारें नहीं नज़र आती

बग़ावत भी चाहती है

पर फिर सब खत्म हो जाने का डर

ज़िम्मेदारी समझती है

पर क्या वह एक कुली है?

जो न चाहते हुए भी भोझ उठाती है

इस बोझ ने उसे झुका दिया है

उसकी आँखे अंदर को धस गयी है

उसकी हसीं को ग्रहण लग गया

शरीर बस हड्डियों पे टिका है

जैसे कोई मांसभक्षी उसके अंदर बैठा

उसे अपना आहार बना रहा,

उसने क्या नहीं है खोया

पर सपने नहीं खोना चाहती

एक वजह है जीने की

उसे नहीं मरने देना चाहती

उसकी इक्षाशक्ति विशाल है

इतनी बार टकरा कर भी अडिग है

पर भय के अंधकार में

जुगनू की रौशनी का वजूद?

आंतरिक ख़ालीपन

जैसे कोई उसे समझता ही नहीं

उसकी बातें नहीं सुनता

न उसे कोई उस नज़र से देखता

क्या वह स्वतंत्र नहीं?

अभी उसकी उम्र ही क्या है

पर ठन्डे रिश्तो को गर्म करने

वह कब तक खुद जले

कब तक उसका यह अंतर्द्वंद चले

कब उसे आज़ादी मिले

कोई उसे भी समझे

न भी समझे तोह सुने

न भी सुने तोह पास बैठे

हाथ पकड़ बोले

तुम अकेली नहीं

मैं भी हूँ, हम साथ है

इस अंधकार में,

क्या उसका अपने

शरीर, आत्मा पे कोई अधिकार नहीं

ख़ुद के लिए परायी है

अगर तुम्हे संगीत नहीं सुनाई देता

तोह उसका नाचना तुम्हे पागलपन लगता है

उसके पैरों के घुंघुर तुम्हे बेड़िया दीखते है

हाँ, पितृसत्ता की सोच को

नारी की स्वतंत्रता आघात करती है

वह नारी को अपने कांख में दबा रखना चाहता है

उसे नारी का अस्तित्व नहीं दीखता

उसे नारी में कमज़ोर, दुर्बल गुलाम

नज़र आता है

फिर उसके पैरो में

तुम लोहे की बेड़िया डाल देना चाहते हो

तुम चाहते हो उसकी आत्मा को खत्म करना

कभी शाररिक तोह कभी मानसिक प्रहार

तुम्हे भय है, तुम कायर हो

की कहीं नारी आगे न बढ़ जाये

कभी तुम्हारी पितृसत्ता न छीन जाये,

उसे कौन रोकेगा

एक तूफ़ान है उसके अंदर

कभी ख़ामोशी में सुनना

उस सागर में उठने वाली ऊँची लहरों का कोलाहल

क्या रोक पायेगी तुम्हारी यह दिवार उसे

कभी देखना उसके अंदर का भीषण तांडव

क्या नहीं जला देगी सभी जंजीरो को

उसकी चीख सुनना

उसकी पुकार सुनना

उसके कोमल तन पर समय की मार देखना

लेकिन फिर उसकी खोयी मुस्कान खोजना

कहीं बारिश की बूंदो में

उसकी खो जाने की अदा देखना

उसे पहचानना

उसे देखना

फिर सोचना

क्यों है खामोश वह?

अँधेरा

जानता हूँ

आगे घोर अंधकार है

लोगों का शोर है

बड़ी-बड़ी नाकामयाबी के तख्त लगे है

रास्ते बंद पड़े है

कोई गिरा पड़ा है

पहले भी कोई चला है

इस बंद सड़क पर

मुझे भी खबर है

पर मैं अब ख़ुद को रोकूँ भी कैसे

मैं तोह बस खींचा चला हूँ

जैसे आँखे बंद कर

अँधेरे में चल पड़ा हूँ

वीरान है यहाँ की बस्तियाँ

पर कभी तोह कोई आया होगा

मेरी तरह इस तरफ

किसी ने तोह ख़ुद की बर्बादी चुनी होगी

किसी ने तोह बग़ावत की होगी

लोगों से नहीं

पर ख़ुद से

जानते हुए भी

इस तरफ आया होगा

की यहाँ गुमनामी की दास्ताँ ही हो सकती है

की इस रस्ते ठोकरें बोहोत है

की जूता तुम्हारा भी फ़टेगा

पर होंठो पे एक मुस्कान है

मैं आज़ाद हूँ

खुद के लिए हाज़िर हूँ

अब मै अपना हूँ

कोई मुझे किराय पे इस्तेमाल नहीं करेगा

अब मैं अपने मकान का किरायदार हूँ

ठीक ही तोह है

इस तरफ सिरफ़िरे ही आते है

जो दुनिया को पागलखाना जान लेते है

और ख़ुद को उस कैद से

आज़ाद कर मुक्तिबोध हो जाते है

इस अँधेरे में

न जाने कब अँधा उल्लू मिल जाये

या फिर मैं भी कॉकरोच बन जाऊ

हो सकता है किसी गहरे

अँधेरे कुए में किसी ओराँगउटाँग से भेट हो जाए

हो सकता है

मुझे भी तीन बून्द खून मिल जाये

या फिर मैं भी अंतहीन

लम्बी लाइन में लग जाऊ

जिसका उद्देश्य मुझे न पता हो

पर मुझे मजबूर किया गया हो

इस जगह खड़े होने को

जो भी हो

मैं अपना अंत जानता हूँ

मुझे बस उम्मीद है

की कभी तोह लोग इस तरफ आने का सोचेंगे

पर फिर लगता है

अब तक उन्हें आ जाना था

कितने साल गुजर गए

मैं आज भी

इस पागलखाने में अकेला हूँ

पर मैं पागल नहीं हूँ?

आज़ादी का भय

आज़ादी का भय

अंधकार का भय

सिर्फ 'न दिखने' का भय नहीं है

यह भय है, अकेले होने का

इस भीमकाय ब्रह्मांड का भय

ख़ुद फैसले लेने का भय

इस भय से निजात है

'अधिनायकवाद'

ख़ुद की आँखे बंद कर

चालक पर पूर्ण विश्वास

सागर की लहरों पे विश्वास

की वह हमे नहीं पटकेगी

की हम अब सुरक्षित है

की अब कोई भय नहीं

अपनी बागड़ोर किसी को थमा देना

अँधेरे में किसी अंधे पर भरोसा

क्युकी वह इसमें निपुण है

उसे अंदाज़ा है

वह जानकर और ज्ञानी है;

हमे अपनी स्वतंत्रता से भय है

क्युकी हम डरते है

कहीं अकेले न पड़ जाये

इसीलिए हम बाज़ार से

नक़ाब ले आते है

जैसे सब दीखते है

वैसे ही दिखने लगते है

जो सब करते है, वही हमे करना है

हम अलग नहीं होना चाहते

हम इस भीड़ का हिस्सा है

और यह भीड़ हमारा

हमारा अस्तित्व इससे है

फिर जब कोई अँधा व्यक्ति ख़ुद को

अँधेरे का सर्वज्ञ बताता है

हम मान लेते है

क्युकी यह हमारी मज़बूरी है

हम पब्लिक ओपिनियन है

हम भार उठाने वाले बैल है

जिसे डर है मार का

हम मजबूर है बारिश में नाचने को

फिर वह बारिश काल्पनिक ही क्यों न हो

हमारा चेहरा सबके जैसा है

हमारे आईने पे तस्वीर चिपकी है

जो सबके जैसी है

हम ख़ुद से डरते है

फिर हम भागते है

कोई हमे बताये

क्या आदेश है? अब आगे क्या करना है?

क्युकी हमने अपनी सोच गिरवी रख दी है

और बदले में ख़रीद ली है

इस अँधेरे से लड़ने की ताक़त

पर हमारी आँखे बंद है

और हम अंधे के कहने को अँधेरा मानते है

हमारा भय हमे आँखे नहीं खोलने देता;

फिर पैदा होते है

कुछ पिपासु

जो ताक़त चाहते है

जो अंधभक्ति चाहते है

उन्हें सोचने वाले सर नहीं पसंद

उन सर को वह झुकाना चाहते है

ताकि वह एक अंधेर नगरी क़ायम कर सके

जहाँ लोग हिंसा, लुट, भय में लिप्त हो

ताकि उन्हें और कोई खबर न हो

उन्हें न तोह अपनी खबर हो

न हो आने वाले कल की

लोग जहाँ नशे के आदी हो

नशा भी ऐसा जो सबसे भयंकर है

जहाँ क्रिटिकल थिंकिंग, रेशनल विचार

दूर-दूर नहीं है

है तोह बस घृणा, तिरस्कार, ऊंच-नीच

डर, भय और झूठे अंधे के सपने;

लोग चुप करा दिए जाते है

जेल में ठूस दिए जाते है

लोकतंत्र अब भीड़तंत्र है

अदालत अब रोड पे लगती है

गोलियों से न्याय मिलता है

मिलावट करने वाले शुद्धता का पैमाना तय करते है

धर्म अब स्थिर है, प्रगतिशील नहीं

हत्यारे ही न्यायाधीश है

पैसे वकील है

बीमारी देने वाला डॉक्टर है

मज़दूर आज भी भुको है

किसान लटका है पेड़ पे

स्त्री कुचली जाती है

गाला दबा दिया गया है आवाजों का

सब चुप है, पूरी ख़ामोशी है

दोष हमारा ही है

हमने ही आज़ादी चाही थी

अब यह आज़ादी हमे काटने लगी है

इसीलिए हमने अपने लिए

नए शासक बना लिए है

जो अंधे है

और हर तरफ अँधेरा व्याप्त है;

अंधी आत्मा;

अंधकार है

लेकिन समयांतराल में

चमकती बिजलियाँ जैसे साँसे गिनती है

कहीं एक साँस ज्यादा न हो जाये

कहीं यह पीड़ा का मारा

जल्दी न मर जाये

कैसी अजीब सी रात है

नींद भी है

और अंतरात्मा जाग भी रही है

शरीर को आराम चाहिए

एक सामंत की तरह

मखमली बिस्तर

एक स्त्री कुचलने के लिए

दो तकिये, पैर भी ऊँचा होना चाहिए

आत्मा परिश्रमी मजदूर है

उसे सुख से लेना देना नहीं है

उसे तोह उत्पत्ति करनी है

कुछ उगाना है

सारे संसार की जिम्मेदारी है

आत्मा के कंधे झुके है

लेकिन मजबूत है

शरीर में अकड़ है

आत्मा लचीली है

शरीर चार काँधे का मोहताज़ है

आत्मा स्वतंत्र है

लेकिन नियमों से बंधी है

जिन्हे आत्मा के दर्शन हो जाते है

वह विशिष्ट लोग

शरीर को तुच्छ समझ लेते है

तथा उससे खूब काम लेते है;

अंधकार बढ़ता जाता है

शरीर सो चूका है

आत्मा कष्ट में है

उसकी चेतना जागृत है

उसका सम्मान है, आदर्श है

उसे चापलूसी नहीं पसंद

चाटुकारिता की विरोधी आत्मा

इस शरीर से नाखुश है

पर बंधी है, इस समय जाल में

उसे मुक्ति चाहिए,

अंधकार में

परछाई का दायरा

बोहोत बड़ा होता है

सब कुछ काला है

क्यों इस अंधकार में जीवन है

क्यों इन निशाचरों को उजाला नहीं पसंद?

शरीर को वस्त्र चाहिए

आत्मा का वस्त्र धर्म है

शरीर को पकवान चाहिए

आत्मा का भोजन सत्य कर्म है

शरीर को दुःख नहीं पसंद, पीड़ा होती है

आत्मा सुख में भी पीड़ित है

उसे समय का जाल काटना है

उसे चमकती बिजलियाँ गिनना है;

आत्मा अंधी है,

उसे नहीं दिखती सोने-चांदी की चमक

आत्मा के जूते फटे है

आत्मा के हाथ सुखी रोटी है

उसे घी नहीं पचता

आत्मा को नृत्य पसंद है

आत्मा को रागों की पहचान है

सितार की अनूठी आवाज़ है आत्मा

जो शरीर भेद सकती है;

भीतरी-विभीषिका

एक कमरा है

कहीं दूर पहाड़ो पे

हल्की सी रौशनी है

कहते है

वहाँ से वैतरणी बहती है

भग्नावेष महल में

अंधकार का भय

चमगादड़ खून पीते है

और चूहे माँसभक्षी है

रक्तपात से बंज़र भूमि

लेकिन, वहाँ कोई रहता है

बुरे सपने वही से आते है

एक काला कौवा रात्रि में

उड़ता आता है

और आ हमारी आँखों

उस बुरे सपने का डरावना जीव

डाल जाता है,

एक अजीब सी ध्वनि

जो सिर्फ उसे ही आती है,

आवाज़ साथ छोड़ जाती है

वह चीख़ता-चिल्लाता है

मदद की गुहार लगाता है

लेकिन उसे सिर्फ चमगादड़ चूहों की कर्कश

आवाज ही आती है,

एक बदबू जो असहनीय है

जैसे किसी को जिन्दा दफनाया हो

फिर धड़कन की गति

मन की गति को टक्कर देने लगती है

सहसा एक हाथ आपके पैर को जकड़ लेता है

आप हिल नहीं पाते

अब सपनों का जंगल शांत है

जैसे आहूति के बाद हवन कुंड;

नैसर्गिक कुछ नहीं है

आप सबकी नज़र का केंद्र बिंदु है

पेड़, जानवर, आकाश, बादल

आपको टकटकी लगा देख रहे है

उनकी नज़रे आपके अंदर धस रही है

कुछ ढूंढ रही है

शायद उसी जानवर को

जो सपनो में आपको सताता है

जिसके भय से लोग सोते नहीं

पर कौन है यह जानवर

जो उस पहाड़ पर रहता है

जहाँ दोनों दुनिया अलग होती है

एक तरफ इंसान तोह दूसरी तरह जानवर

जो सिर्फ रात में निकलते है

उन्ही चमगादड़ और चूहों से पैदा होते है

उनकी आंतो को फाड़ निकलते है

उन्हें अपना घर बनाना है

शायद अब वोह आपके अंदर रहना चाहते है

पर वहाँ तोह पहले से एक जानवर है

जो जंजीरो में जकड़ा है

लेकिन आज़ादी मांगता है

जो आपको उकसाता है

जो इंसानो का ख़ून मांगता है;

पसीने से लत-पत

आप अनजान होते है

हक़ीक़त है या सपना

एक भय जो कांच की हड्डियों को चटकाता

उनके टूट जाने का इंतज़ार करता है

फिर उसी टूटे कांच को

आपकी आंतो में मरोड़ता है

आपकी चीखे उसे अच्छी लगती है

ठीक उस चमगादड़ की तरह

आप भी कर्कश आवाज़ निकालते हो

फिर कुछ चूहे आपके पेट में घुस

आपको अंदर से कुतरते है

आप परमात्मा से पुकार लगाते हो

पर इस दुनिया में

सिर्फ उस जानवर का राज़ है

जो आपसे नाराज़ है

क्युकी आपने उसे बांध रखा है;

धोबी का गधा;

पर्दा उठा फिर रौशनी से

चाँद बौना गधा निकला

मैले-कुचले कपड़े पहना

मलिन-आत्मा, एक थका चेहरा

मैंने दूर की रौशनी को चाँद माना

चाँद तोह धोबी का गधा निकला

जो रोज़ मैले कपड़े लाता है

और धुले दमकते-चमकते वापस ले जाता है;

फिर जब नदी में काली रात

का काला साया होता है

वह सफेद कपड़े भी

काले हो जाते है

और चाँद बदलो में छिप जाता है

फिर जब गधा उस काली नदी में

पूरी तरह डूब जाता है

आमवस्या आती है;

फिर निकलता है

मौत की बाजी लगा

उस काले साये को मात देता है

ज़ोर से झटकता है

काली भयावह रातों को

धोबी के मार से डरा गधा

उस ईश्वर से प्राथना करता है

की फिर से कपड़ो को सफेद कर दें

फिर से चाँद चमके आसमान में;

बैल के गले की घंटी

बैल के गले की घंटी

हाँ, टन टन करती

शुरू में तोह उसे बुरी लगती होगी

उसकी आवाज

पर अब जैसे आदत हो गयी है

अब शायद घंटी तोह है

पर उसकी आवाज नहीं है;

अब बस हरी-हरी घास है

जैसे हमेशा से थी

जैसे मानों उस बैल ने

परमशांति की प्राप्ति कर ली हो

जैसे उसने समस्या के साथ रहना सीख लिया हो

जैसे स्टोइक करते है

जैसे भूक का मारा कोई

उपवास में विश्वास करता है

जैसे राजा के मंत्री की जिव्हा

जैसे आँखे बंद करने पे अँधेरा;

खुद में इतना खो गया

अब उसे कुछ खबर नहीं है

न ही कोई उम्मीद है

न बेचैनी है, न ही निराशा है

अब बस उसे अपना पेट भरना है

जैसे पहले था

जैसे हमेशा से होता रहा है

जैसे खुद को खो देना होता है

जैसे लड़ने के विचारों को खो देना

जैसे मान लेना

अब कुछ नहीं हो सकता है

अब दुनिया ऐसी ही है

और मैं एक बैल मजबूर हूँ;

सुनो न

सुनो न, हाँ, तुम

वही काली साड़ी वाली

जो खामोश बैठी है

इस आवाज भरी दुनियाँ में

चलो न

देखते है

तुम्हारे भी ज़ख्म

सुनो न

बोलों न, क्या है तुम्हारी कहानी

क्या ठीक ऐसी ही है

जैसी यह दुनिया कहती है

या फिर उसमे सच है

जैसे सच होता है

किसी तन्हा रात में

जब खिड़की से अँधेरे में

कुछ नहीं दीखता

फिर भी सब कुछ दीखता है

जैसे सब कुछ हो रहा है

और तुम खामोश हो

जैसे कोई तुम्हारे ज़िस्म को काट रहा है

पर तुम्हे कोई दर्द नहीं है

न ही कोई एहसास

जैसे कोई जिन्दा सी दफ़्न साँसे

सुनो न

क्यों नहीं पहने तुमने अपने झुमके

क्या तुम्हे नहीं पसंद उनकी आज़ादी

जब हवा के झोंको से

तुम्हारे कानों के पास

वह अपनी मस्ती में घूमते है

कहाँ है तुम्हारी वह चूड़ियाँ

जो तुमने ली थी

उस भीड़ वाली जगह में लड़-झगड़ कर

सुनो न

कहाँ है तुम्हारी हंसीं

खो गयी है कहाँ?

क्यों अब तुम बैचैन भी नहीं हो

सुनो न

कहो न, क्यों अब तुम जागती नहीं

और सोती भी नहीं

क्यों अब तुम ख्याल नहीं बुनती

न ही अपनी आवाज सुनती हो

क्या खो गयी है तुम्हारी आवाज

इस भीड़ की आवाज में

जहाँ हर आवाज एक सी है

सुनो न

चलो न फिर चलते है

उस मेट्रो के दरवाज़े के पास खड़े होते है

एक दूसरे में खोते है

और फिर ख़ुद को ख़ुद में पाते है

उस पुरानी दिल्ली की छोटी-छोटी गलियों में

फिर भीड़ में खो जाते है

फिर किसी मज़ार में

किसी धागे को बांध आते है

जैसे हम बंधे है एक-दूसरे में

सुनो न

चलो न

फिर से छुप जाते है

दुनिया की नज़रो से

फिर से किसी सीढ़ियों पे

खड़े होते है

जहाँ तुम और मैं बराबर है

जहाँ हमारे दिल मिलते है

जहाँ हम फिर से मिलने को बिछड़ जाते है

जहाँ खत्म होती है

हर दिन एक कहानी

फिर शुरू होता है

एक लम्बा सा इंतज़ार

फिर उन सीढ़ियों को देखने का

फिर से एक हो जाने का

फिर कुछ पल ज़िन्दा हो जाये

हमेशा मरने से पहले

सुनो न

फिर से काली साड़ी में आना

और हाँ

फिर से मेरी आँखों में

अपने लिए वही प्यार पाना;

सामूहिक शोषण;

सामूहिक तिरस्कार का दंश

एक सोच का विरोधी समाज

जिसे अपने आईने की धूल नहीं दिखती

दिखती है औरों की मलिनता

उसके बाण रूपी शब्द

समाज की झूटी चोली के पार जाते है

जो राजा और गरीब दोनों को नग्न कर देते है

ऐसी पीड़ा देते है जो असहनीय होती है

फिर समाज उनको पागल घोषित कर देता है;

हाँ, वह हर इंसान पागल है

जिसकी आँखों में जरा सी भी रौशनी है

जो देख सकता है

और सोच सकता है

की इस काली रात से भी काला है कुछ

की इस काले नाग से भी विषैला है कुछ

की इस मर्यादा के झूठे नाटक में

कुछ सच्चे पात्र है

जिन्हे चमड़े की जूती से दबा दिया गया है

जिनके नाक पे

पागल बैल की नकेल कस दी गयी है

जिनकी बेटियों के बचपन को

किसी जानवर ने क्षित-विक्षित कर दिया है;

बड़ी नाक वाले इन लोगो ने

समाज को वैश्या बना दिया है

जो इनके इसारो पे अपने वस्त्र खोल नग्न हो जाती है

फिर इनका दिल बेहला

अपना चूल्हा जलाती है

इनके बच्चे सपनो की दुनिया से आते है

जहाँ कोई कष्ट, दुःख या भूक प्यास नहीं होती

जैसे कोई अलग सी दुनिया हो

ऐसी दुनिया जिसे सोचना भी पाप है

फिर कोड़ो के घाव तोह भर जाते है

पर जिस्म को नोचे जाने का घाव नासूर हो जाता है

और दिन ब दिन एक फोड़े की तरह

उसमे से मवाद निकलता है

ऐसे मवाद जो समाज की नाली में बहता है

जिसे देख लोग अपनी नाक बंद कर लेते है

घिन्नता की भावना चरम पर पहुंच जाती है

ऐसी जीती-जागती नाली स्त्री ही हो सकती है;

स्त्री जिसे देवी बना

उसे जानवर को परोसा जाता है

जिसके वक्ष पे

न जाने किनते दांत गड़े है

जिन्हे गिन पाना असंभव है

ऐसे समाज में जहाँ

पुरुषों की जिन्दादिली किसी की काली रात होती है

जहाँ मर्दानगी की नग्न अवस्था

किसी स्त्री के चरित्र के कपड़े होते है

जहाँ पुरुष भगवान बन जाता है

और महिला दासी

ऐसी दासी जिसके जिस्म पे

सिर्फ दांत गड़ाए जाते है

नोचा जाता है उसकी आँखों को

उसके आत्मसम्मान की धज्जिया उड़ती है

पैरों के निचे कुचले जाने बाद भी

उसे चौका-चूल्हा जलाना होता है

अपने जिस्म को हिस्सो में काट

कभी पति तोह कभी बच्चों में बाटना पड़ता है;

समाज की आँखे

हर महिला को नग्न देखना चाहती है

जैसे कुछ नया मिल जाये

जैसे कोई शिकारी घंटो बैठ

शिकार के लज़ीज होने की कामना करता है

हर एक विवाहिता

अपने पति से पहले

उन ठेकेदारों के चौखट जाती है

जहाँ नशे में धुत समाज का प्रतिष्ठित इंसान

उसके जिस्म की बोटियाँ करता है

फिर ऐसे महलों से आवाजे

बाहर तोह आती है

पर समाज बहरा हो जाता है

उसे किसी की चीख़-पुकार नहीं सुनाई देती

बस दिखाई देती है तोह

बड़ी बड़ी विशाल इमारतें

जिनमे रहने वाले भगवान होते है;

जिस्म से पैदा हुई क्षुदा

कभी शांत नहीं होती

समाज का कुचला सर

ठीक उसी सांप की तरह होता है

जो फुंकार तोह मार सकता है

पर काट नहीं सकता

उसे कुचलने वाले पैरों को

मंदिरो के दरवाज़े पे लगाया जाता है

फिर हर एक इंसान

उसे अपने सर से लगाता है

और जो नहीं लगाते

उन्हें अँधेरे कुए में फेक दिया जाता है

जो महलों के राज़ समेटे निचे चुपचाप बैठा होता है;

निठल्ली आत्मा;

एक खिड़की से झांकता आध्यात्म

गगनचुंबी इमारतों की परछाई में

झोपड़े का रोगग्रस्त स्वयं

शरीर में बैठी निठल्ली आत्मा

मकड़ी के जाल में फँसा खामोश कीड़ा;

स्नानघर में छुप कर बैठा यौवन

निहारता उस गगनचुंबी प्रेमिका को

वज्रबधिर कांच की खिड़कियां

निष्ठुर, रोकती मन की आवाज़;

ज्ञान का झूठा बाजार

प्रेम का खरीददार

यौवन की कीमत लगाता

आग को फिर सोने के पानी से बुझाता

नरम बिस्तर की सिलवटे

एक झूठे प्रेम की प्यास बुझाता;

एक तस्वीर बनाता

नदी की कलकल ध्वनि को सुन

दूर उस तरफ खड़ी एक गगनचुम्बी ईमारत की,

फिर खिड़की के कांच को तोड़

उस जगह प्रेम का पैबंद लगाता

सूरज की किरणों पे बैठ

उस नरम बिस्तर की सलवटें छूता

टूटी पायल के घुँघरू से

अपने गले का हार बुनता;

आजान के साथ

लहरों के थपेड़ो से

खिड़की के पेहरे को भेदता

रोज़ उसकी तलाश में

अपनी निठल्ली आत्मा से लड़ता

पैरों से रौंदी मिट्ठी उठा

झोपडी की छत बनाता

बारिश की बूंदो में

छिपे इंद्रधनुष को बनने से पहले निहारता;

एक जगह है;

कहीं दूर एक जगह है

है न? होगी! ऐसा कहा था उसने

जहाँ मुझे जाना है

उसका इंतज़ार करना है

पर उसने रास्ता तोह बताया नहीं

कही दूर एक किला है

जो खंडहर है

कई राज दफ़्न है वहां

किसी आलिंगन का एहसास

किसी की मदहोश निगाहे

कहीं दूर उड़ते जहाजों की गिनती है

फिर मिलने का झूठा वादा है

कोई मज़ार है

उसमे बंधे धागों में कोई फरियाद

किसी की सलामती की दुआ

किसी के नाम का कलमा है

कोई जादू है

कोई तिलिस्म जो अब बेक़ाम है

किसी चर्च की खाली कुर्सियां है

किसी मंदिर के खामोश घंटे

किसी चौराहे के बिच

पंक्षी का झुण्ड है

किसी सिग्नल पे गुलाब बेचते दो बच्चे

कोई जगह है दूर

बोहोत दूर;

वहां कौन जाता है?

किसे बर्बाद होना पसंद है?

कौन ऐसी मोहब्बत चाहता है

जहां बैचनी भी है सुकून के आगे

जहां कड़ी धुप है

जहां गाड़ियों की लम्बी कतारे

आदमी भी है, पर जानवरों सा

जहाँ हर एक बेंच के एक कहानी है

जहाँ पेड़ो ने न जाने कितने हसीन पलों को देखा है

जहाँ एक रामलाल है

जिसे गर्म गोदाम पीने का मौका मिला है

उसकी बीड़ी अब पुरानी हो गयी होगी

उस ठंड मौसम में वोह गरम रम का मज़ा था

एक सोनिया थी

जिसे फ़िक्र थी, जो आधी मादा और बाकि नर थी

एक जलती आग थी

एक बेंच पे पड़ी एक लड़की थी

एक जला हुआ दिल था

जो ख़ुद की आग में झुलसा

सबको गर्मी दे रहा था

एक जगह थी

और एक जगह है, जहाँ उसने आने को बोला था;

परछाई;

मुझे परछाईया पसंद है

जो मेरे आगे-पीछे चलती है

जिनका न खुद का कोई वजूद है

न की कोई पहचान, न नाम

कोई आवाज नहीं है उनकी

कोई चेहरा नहीं है;

ठीक एक भीड़ की तरह

जहा सब एक से है

एक चीज़ को पाने की खोज में

सुबह से शाम भागते लोग

इनका कोई चेहरा नहीं, न ही नाम है

हाँ, बस एक काम है

जो खुद उनका नहीं है;

लोग कहते है अँधेरे में परछाईया छूट जाती है

गलत है उनका नजरिया

अँधेरे में सब एक से है, सभी परछाई एक है

सब एक घनघोर अँधेरे का हिस्सा है

सब एक कहानी का अधूरा किस्सा है;

टेढ़ी-मेढ़ी परछाइयां ही सत्य है

एक भ्रम है खुद का होना

मैं कौन हूँ? यह सोचना

फिर किताबो के पन्ने पलट

खुद को उसमे ढूँढना

क्या मै गुजरा कल हूँ?

या किसी दूर कोने में सिसकियाँ लेता

आने वाला कल हूँ?

जो भी हूँ पर मै आज नहीं हूँ

आज मेरी सम्भावनाये है

कुछ बन जाने की, किसी सांचे में ढल जाने की;

मैं ग्रीक दर्शन हूँ

मैं होमर का इलियड

किसी नायक का घोड़ा

किसी खलनायक की तलवार हूँ

मैं नीरो की बांसुरी हूँ

मैं ही ह्यूगो की जलती आवाज हूँ

मैं हेमलोक का ज़हर, हर युग में मारता सोक्रेटस को

मैं ही हूँ तानाशाह का तख़्त

जिसपे बैठ सरे आम जुल्म ढाता मैं;

मैं ही हूँ कान्त का प्रबोधन

मार्क्स का द्वंद्वात्मक भौतिकवाद

काफ्का का असहाय पिङ्गकपिस्का

दोस्तोयेवस्की का गूढ़ रहस्य

हेगल का तर्कसंगत

नीत्शे का ज़ारथुस्त्रा, जो बैचैन है

जो इंसान को अद्भुत शक्ति देना चाहता है;

मैं ही भगत सिंह का विचार भी हूँ

मैं एम एन रॉय की लिखावट

मैं ही फ़्रांस की क्रांति,

अगस्त स्पाइस की आखिरी आवाज़

हेनरी डेविड का सविनय अवज्ञा

ट्रोट्स्की की स्थायी क्रांति

क्लारा जेटकिन, रोसा लग्जम्बर्ग की आवाज़;

मैं एक परछाई

जो हमेसा से है

और हमेसा रहेगी

कभी किसी के आगे तोह कभी पीछे

मुझे व्यक्तिगत समझने की भूल न करना

मैं सामूहिक परछाई हूँ

मैं ही सर्वव्यापी हूँ;

अंधकार हूँ;

एक मशाल लिए चलता

पीछे न जाने कितनी परछाइयों ने घेरा है

अदृश्य हांथो ने पकड़ा मेरे कपड़ो को

चीड़-फाड़ कर नग्न करते मुझे

पर मैं तोह ऐसा ही था जन्म से

फिर किसने पहनाये मुझे यह कपड़े;

तेज़ हवाओं से बचाता, छिपाता

प्रभा की एक आखिरी किरण

मेरे माथे को चूमती

फिर किसी कंदरा में छिप कर बैठा

मेरे अंदर का जानवर

नफ़रत की निगाहों से कोसता मुझे;

फिर जब थक कर बैठ जाता

पंक्षी मुझे अनजाना जान भय खाते

जैसे न जाने किस दानव को देख लिया

पूरे जंगल में हाहाकार मच उठा

चक्षुश्रवा के दंश सी तीखी निगाहे

अंधकार में चमकती, जैसे तारों ने डेरा हो दाल दिया

तमचर की विचित्र आवाज

अंधकार को चीरती किसी के होने का आभास कराती

जैसे कोई हो अदृश्य, शायद वही हाथ;

नेत्रहीन, बलहीन सा देख रहा

भय का नग्न उल्कापात

जैसे कोई मेरे मस्तिष्क के भीतर बैठा हो

और यह सारे चित्र, आवाजे बना रहा हो

जैसे घुड़दौड़ में, खुरों से मुझे कुचला जा रहा हो

सर्वदमन निशाचर निगलती मेरे मशाल के प्राण

इस विरहसागर में अधमरा दीर्घजीवी

कृतघ्न अपने पूर्वजो का

स्वर्णकंकण से निर्मित

अपनी आकृति उकेरता;

छिपने की जगह ढूंढता तब मैं

अब खुद अंधकार में छिप गया

अब कोई आवाज नहीं, न ही कोई रोशनी

मशाल कब की बुझ गयी

मुझे नोचने वाले हाथ भी थक से गए है

न कोई आँखे मुझे देख रही है

न कोई भय मुझे खा रहा है

अब मैं निराकार हूँ

मैं अब सर्वव्यापी अंधकार हूँ;

आजानुबाहु;

एक जंगल है, वर्णनातीत

बेकाम-विचरण करते मन को

वहां पाया जा सकता है

क्षुधातुर तन, रक्तरंजित वक्षस्थल

कपड़छन रक्त की बुँदे

मदांध हँसी सर्वभक्षी की

कंटकाकीर्ण तन उसका

विचारगम्य सोच में बैठा पथभ्रष्टपथिक

पुत्रशोक की मंद हवा

सुना रही हो कोई अरण्यरोदन

निशाचर के हाथों क्षड़भंगुर सा जीवन

विध्युद्वेग सा भय

अनुचर अंधकार में एक आकृति

नकटा राक्षस की लोककथाएं

आजानुबाहु की एक छवि मन में उकेरती

मृत्यु का अकाट्य सत्य

अपारदर्शी अंधकार

अप्रत्याशित प्यास जो भय से उत्पन्न है

प्रतीची या प्राची सब एक सही है

असूर्यम्पश्या सी सुन्दर मूरत

अंगोछे से मेरी प्यास बुझाती

अकिंचन मैं उसके अधरज निहारता

अनुरंजक अमरांगना

अंगरक्षक था जिसका नकटा राक्षस

उर्ध्वगामी वह कर रहा परिक्रमा मेरी

निर्विष सी वोह चन्दन की डाली

भुजंग सा उसपे लटका आजानुबाहु

त्रिकालज्ञ सा मेरा मन

चेतावनी देता मुझ जिज्ञासु को

किसी ने फिर झकझोरा मुझे

उवाचा करता मैं नींद से जागा;